人在社會走 口才必須有

聲不在高，清晰就行！話不在多，到位則靈！
從臺上到桌下，各種情境脫口「秀」出來

練就能說會道真本事，無論到哪都能成大事

◎面對若有似無的嘲諷不知如何反擊？
◎面對長輩的靈魂拷問感到措手不及？
◎面對說錯話的瞬間只覺得尷尬至極？
◎面對談話高手只能感嘆可望不可即？

編著
劉惠丞，江城子

一張口就能論遍天下無敵手？
辯才無礙！學會說話，人生再無障礙！

目錄

目錄

第三章　靈活機智最重要

第四章　如何打動人心

第五章　怎樣「巧舌如簧」

目錄

第八章　飯局酒席如何談笑風生

目錄

第十一章　脫口秀莫成脫口「臭」

第十二章　經典脫口秀範例

目錄

前言

西元二〇〇八年九月，美國雷曼兄弟投資銀行宣布申請破產保護。對於這則爆炸性的新聞，美國的一個脫口秀主持人這麼調侃：「小布希總統真的對經濟一竅不通。今天有人問他，如果所有的銀行都關門了，那大家應該怎麼辦？布希先生說，如果銀行都關門了，可以用 ATM 啊！」

這個主持人覺得還不過癮，繼續說：「布希總統有個方案，可以幫助我們度過這場嚴重的金融危機。這個方案的第一步是，明年一月分他將離開白宮。」

而在大選消息公布的當天，這名脫口秀主持人馬上發表了自己的觀點：「昨天，布希總統宣布，白宮的平均智力水準將會發生翻天覆地的變化。對，他就快要離開白宮了。」

這個脫口秀主持人的話，幽默而又風趣，讓觀眾聽了忍俊不禁。「脫口秀」是英語片語「Talk Show」的音譯，本意是指電視或電臺主持人和嘉賓（聽眾）在一起，即興討論某個話題。這種節目形式活潑，主要靠的是參與者的臨場發揮，因此自問世以來一直深受觀眾追捧。

前言

聲不在高，清晰就行；話不在多，到位則靈。隨著脫口秀的風靡，這種活潑的談話風格也逐漸從臺上走到臺下，不再只是聚光燈下主持和嘉賓的專利。在生活中，那種臨場因時、因事、因人、因情脫口而出的即興表達，也可以叫做脫口秀。

讓嘴裡的話脫口而出，也許很容易；但要讓脫口而出的話「秀」起來，就有了難度。生活中的脫口秀不可能有預先排練，也沒有演說稿，很多時候甚至話題也是隨機的——這就要求說話者頭腦反應機敏、思維邏輯嚴密、語言表達準確。生活中的脫口秀，不是那種眼花繚亂的武打套路表演，好看但不實用，更像隨機應變的散打，講究「快、狠、準」的實戰效果。

古龍說：「有人的地方，就有江湖！」世界上的事情正在日益複雜，但江湖早已遠去。身處後江湖時代的我們，口才卻已成為行走社會的一大利器。有些時候，口才是否高超，關係到一生成敗。練就能說會道的真本事，無論走到哪裡都會有知音。本書能幫助讀者們早日擁有如散打一般快、準、狠的實用口才，用簡潔卻不簡單的語言去吸引人、感染人、征服人，讓自己的人生在順暢的交流與溝通中一路暢通。

編者

第一章 一句話的威力有多大

有些人說話，如同哼哼哈嘿耍大刀的武術套路表演者，中看但往往不中用。而脫口秀大師如同散打高手，不出手則已，一出手絕對「快準狠」。

在西元二〇〇八年的美國總統大選中，候選人麥肯和歐巴馬一度殺得難分難解。然而，媒體似乎更加偏愛具有傳奇色彩的歐巴馬，這無疑讓麥肯感到非常鬱悶。後來，麥肯終於抓到一個機會，向媒體大發了一陣牢騷。這件事到了美國某脫口秀節目主持人的嘴裡，就變成了：「麥肯指責我們的節目裡提到歐巴馬的次數太多、說歐巴馬的好話比他多，我在此否認這個指控。這實在是太荒謬了，這是根本沒有的事，順便我想藉此機會問一下大家：到底誰是麥肯呀？」

麥肯的牢騷本來就略顯無聊，但到了主持人的口裡，新聞就變得無比風趣與辛辣。試想，如果主持人「老實」承認麥肯所謂「偏愛」的指控，或者乾脆對於麥肯的指控直接否認，都是無聊之上再加一個無聊。但這個主持人用一個刁鑽的角度、一個奇怪的招式，將麥肯調侃、奚落得灰頭土臉。

當你要開口說話時，你所說的話必須比你的沉默更有價值才行。——慧律法師

君子欲訥於言而敏於行。——孔子

說話不在多，在於說得對，說中了事和理的要害，能打動聽者的心。——謝覺哉

多讀兩句書，少說一句話；讀得兩行書，說得幾句話。——《小窗幽記》

一切學問沒有速成的，尤其是語言。——傅雷

言語之力，大到可以從墳墓喚醒死人，可以把生者活埋，把侏儒變成巨無霸，把巨無霸徹底打垮。——海涅【德國】

話不在多，到位就靈

人們常問，如何才能更好表達出自己真實的思想和感情呢？如果我們留心那些口才大師，就會發現他們都喜歡而且善於運用簡潔明瞭的語言。語言的精髓，在精而不在多。口才最差的人，往往可能就是那些喋喋不休的人，說了一大堆，也沒有說出主旨，還認為自己很棒。事實上，要真正將自己的話說得讓人明白，就必須讓自己的語言簡練，要能在最短的時間內讓對方明白你所說的意思。

美國前總統羅納德·雷根（Ronald Reagan），是美國歷史上最長壽的總統。在雷根的政治生涯中，留下了很多膾炙人口的精悍之語。西元一九六四年，雷根代表戈德華特參加總統競選發表的全國電視演說，他說：「我們必須捍衛自由，否則自由將離我們而去。」這句話成為當年風靡美國的名言，讓雷根在政界聲名鵲起。西元一九八〇年，雷

根在新罕布夏州（State of New Hampshire）參加總統初選辯論時，有人試圖關上他的麥克風，雷根當即抗議：「布林先生，我正為這個麥克風付錢。」這句話的意思是「我」是候選人，同時也是納稅人，「我」有權力使用麥克風。果然，雷根的麥克風沒有被關閉。而西元一九八一年三月底，雷根遭到槍擊後，在急救病房裡對妻子南茜所說的「親愛的，我忘了蹲下。」，更是讓人聞之動容。

林肯曾說：在一場官司的辯論過程中，如果第七點議題是關鍵所在，我寧願讓對方在前六點占上風，而我在最後的第七點獲勝。這一點正是我經常打贏官司的主要原因。這裡讓我們一起看一下林肯是怎樣用他的辦法打贏一場著名官司的。

在那個官司審判的最後一天，對方律師整整花了兩個小時來總結此案。林肯本來可以針對他所提出的論點加以駁斥，但他並未那樣做，而是將論點集中到了關鍵點上，總共花了不到一分鐘的時間。最後，林肯贏得了這場官司。

無論我們平時和什麼樣的人說話，都要讓對方在最短時間內明白自己的意思，要讓對方被自己說服，就必須找出問題的關鍵點。這也叫做「抓住一點，不及其餘」。「言不在多，達意則靈」講話簡練有力，便能使人興味不減。有理不在話多。對於那些高超口才的人，除非萬不得已，否則盡量不會與別人周旋繞圈，而是抓住關鍵，簡明乾脆將自己的意思傳遞出去。

法拉第為了證實「磁能產生電」，在大廳裡對著許多賓客表演，只見他轉動搖柄，銅盤在磁極間不斷旋轉，電流錶指針漸漸偏離零位。客人們讚不絕口，只有一位貴婦人不以為意。

貴婦人問：「先生，這東西有什麼用？」

法拉第回應：「夫人，新生的嬰兒又有什麼用呢？」

人群中爆發出一陣喝彩聲。

針對貴婦人取笑式的問話，法拉第來了一個反問。

清代畫家鄭板橋有詩云：「削繁去沉留清瘦，畫到生時是熟時。」當今語言大師們認為：言不在多，達意就行。可見，用最少的字句包含盡量多的內容，是講話時最基本的要求。滔滔不絕、出口成章是一種「水準」，而善於歸納、詞約旨豐、一語中的同樣是一種「水準」，而且更為難得。很顯然，社交脫口秀追求的是後一種「水準」。

脫口秀是一種新型機智口才，充滿幽默、風趣、機敏。令人叫絕的「脫口秀」，往往「脫」得乾淨透徹，「秀」得一針見血。「撥雲見日，一語中的」是脫口秀的顯著特點。我們不妨來欣賞欣賞別人是怎麼「秀」的。

父子二人經過五星級飯店門口，看到一輛十分豪華的進口轎車。兒子不屑對他的父親說：「坐這種車的人，肚子裡一定沒有學問！」父親則輕描淡寫回答：「說這種話的人，口袋裡一定沒有錢！」

就像散打一樣，脫口秀不玩花招，招招式式都講究直取要害。對於兒子的膚淺與偏激，父親沒有簡單粗暴訓斥，也沒有長篇大論教育。一句脫口而出、簡潔平實的回答，足以讓兒子回味無窮。

周勃是西漢的開國功臣。在呂后亂政時，他曾經幫助漢室剷除呂后的勢力，迎立漢文帝，可謂功勳卓著。但後來他罷相回到自己的封地後，一些素來忌恨周勃的奸偽小人便趁機向漢文帝誣告周勃圖謀造反。漢文帝竟然相信開始，急忙下令廷尉將周勃逮捕下獄，追查治罪。按漢代當時的法律，凡是圖謀造反者，不但本人要處死，而且要滅家誅族。就在周勃大禍臨頭的時候，薄太后出來勸文帝說：「皇上，周勃要謀反，何必等現在，在您未登基之時，先皇留給你的玉璽都在他手上，那時他還手握重兵，要反早就反了。但是他一心忠於漢室，幫助漢室消滅了企圖篡權的呂氏勢力，把玉璽交給陛下。現在他已被罷相，回到了自己的封地裡居住，怎麼反而會在這個時候想起謀反呢？」

漢文帝一聽這話，對呀！有道理呀！於是所有的疑慮都沒了，並立即下令赦免了周勃。

薄太后的話可謂撥雲見日、一箭中的。試想，假設她東拉西扯找來論據來為「苦主」周勃辯白，固然可以找來很多，但多不如精。太多的論據說來說去都沒有讓人信服的一條，別人聽了會厭煩。就算其中有那麼一條兩條有說服力的，也容易淹沒在論據的海洋之中，還不如只挑最有說服力的說，反而更加令人信服。

嘴巴長在你的身上，喋喋不休廢話一筐最不可取，滔滔不絕言之有物才能令人欽佩。而有的人，在適當的場合，把自己的意思恰當濃縮成一句話，撥雲見日、一語中的，讓人如夢初醒、拍手叫好。

簡潔說話最有力

二戰時期的英國首相邱吉爾不僅僅是一位傑出的政治家，而且是一位才華橫溢的演講家，正是他無數次激昂慷慨的演講，給了當時懷疑、憂鬱的英國民眾巨大的精神力量，使當時整個英國樹立起堅持不懈、戰鬥到底的民族氣概。

他最後一次演講是在劍橋大學的畢業典禮上。開始的時候，校長想請首相率先致辭。邱吉爾說：「不，我到典禮結束前二十分鐘再講。」在典禮進行到最後二十分鐘的時候，校長把一直坐在一旁的首相介紹給大家，請首相致辭。邱吉爾站在主席臺上，從容脫下大衣，摘下帽子，默默注視著臺下的幾千名青年學生。一分鐘後，他揮舞著拳頭，開始了他習慣式的演講。他的演講非常簡潔：「堅持到底，永不放棄！」當所有的學子還在等邱吉爾的下文時，邱吉爾穿上大衣，戴上帽子，從容離開了會場。整個會場鴉雀無聲，幾分鐘的寂靜之後，掌聲雷動。大家紛紛站立起來，熱淚盈眶目送著遠去的首相。

這場演講被稱為演講史上的經典之作。在民族危亡的關頭，在整個民族需要一種堅強的時候，他用這種簡潔有力的方式告訴人民：勝利沒有什麼困難，戰勝敵人也沒有困難，只要堅持到底，永不放棄。

這場演講之後的第二天，英國所有報紙的頭版標題都是這樣一句話：堅持到底，永不放棄！這句話，成為了當時英國的民族精神，也迅速成為世界反法西斯戰線的精神旗幟！

少即是多，短即是美。簡潔為上策！一個典型的例子是：林肯的蓋茲堡演說（Gettysburg Address）僅用了兩分鐘，卻成為林肯一生不朽的紀念；而當時排在林肯前面的主講者講了兩個多小時，卻很少有人記得他的名字，以及他演講的內容。

語言簡潔，是指語言表達要簡明扼要，言簡意賅。古人云「立片言以居要」，講的就是這個道理。語言簡潔是人們談話應遵循的一個總規則，因為它是吸引、打動聽眾的必要條件。仔細想想，聖經的主禱文一共才五十六個字。如果多加幾個字，它會更加有力嗎？

西元一九三六年十月，鄒韜奮先生在上海各界公祭魯迅先生的大會上發表演講，就只有一句話：「今天天色不早，我願用一句話來紀念先生：許多人是不戰而屈，魯迅先生是戰而不屈。」

按照常理，萬人景仰的魯迅先生英年早逝，悲痛與緬懷的感情就是千句萬句也說不完。但鄒韜奮先生只用了一句話，而在這一句話裡蘊含著勝過千萬句的內容——既有對當時政治戰線、思想戰線、文化戰線上「不戰而屈」的投降派的譴責，又有對魯迅先生「橫眉冷對千夫指」，勇敢戰鬥，絕不屈服的可貴品格的讚頌。「不戰而屈」和「戰而不屈」，同樣四個字的不同組合，成為衡量一個人有沒有硬骨頭精神的試金石。這極其精鍊的一句話演講，巧妙採用了鮮明的對比，使卑微者更渺小，使高尚者更偉大，儘管只是一句話，卻激發了人們奮起抗爭的勇氣，鼓舞人們以魯迅先生為榜樣，挺身而出，戰鬥不止。

濃縮的都是精華

一句睿智的話，往往能給聽者一種醍醐灌頂、豁然開朗的感覺。

相傳一個山村青年去南洋謀生，懷著對前途的忐忑找到了族長。族長送了他三個字：「不要怕。」青年遵命遠行，經過在外二十多年的打拚後，已是中年的他決定回鄉探親。他有了一些成就，也多了很多心事。歸程日短，近鄉情怯。他決定再去拜訪那位族長，以求得一些指導。族長已經作古，但留給這個勇敢的闖蕩者三個字：「不要悔」。返鄉人看了這三個字，心理包袱頓時全無。人生的路崎嶇蜿蜒，啟程之時「不要怕」，歸航之日「不要悔」——這短短六個字組成的一句話，實在是凝聚了人生的大智慧。

睿智的話，不在於多，而在於精。老子的《道德經》不過區區五千字，其中所包含的智慧至今為人津津樂道。隨便從《道德經》中拈一句出來，都是大有乾坤。

馬雲的即興評價中總是很簡短，卻總是讓人想起「濃縮的都是精華」這句話。他談吐穩健，語速很快，思路縝密且善用比喻，邏輯思維和形象思維在他腦中統整得很好。

對於創業，馬雲這樣建議：「如果你的公司目前只有兩個人，你就在名片上把自己的稱呼放低一點，這樣會贏得尊重！」馬雲安慰那些曾經受傷的創業者：「人要被狠狠PK過，才會出息！」他說自己也倒楣過：「創業這麼多年，我遇到了太多的倒楣事，但只要有一點好事，我就會讓自己非常開心，左手溫暖右手。」談到委屈，他會很有氣魄說：「男人的胸懷是委屈撐大的！」

馬雲的話短小精悍、字字珠璣，值得我們反覆玩味。不像有些人的長篇大論，如同一陣風吹過我們耳邊，很快就被拋之腦後。另一位同樣姓「馬」的名人，叫馬克·吐溫(Mark Twain)。這位美國著名作家，也是一位脫口秀高手。曾經有人問他：演講詞是長篇大論好，還是短小精悍好？他沒有直接回答，而是講了一個故事：

「有個禮拜天，我到教堂去，適逢一位傳教士在那裡用令人哀憐的語言講述非洲傳教士苦難的生活。當他說了五分鐘後，我馬上決定對這件有意義的事情捐助五十元；當他接著講了十分鐘後，我就決定把捐助的數目減至二十五元；當他繼續滔滔不絕講了半小時後，我又決定減至五元；最後，當他講了一個小時，拿起缽子向聽眾哀求捐助並從我面前走過的時候，我卻反而從缽子裡偷走了兩元錢。」

馬克·吐溫(Mark Twain)用幽默的方式告訴世人：即便是演說，也是短小精悍為上品，長篇大論、泛泛而談容易引起聽眾的反感。用最少的字句來表達最大的意思，是脫口秀的一大亮點。滔滔不絕、出口成章是一種「水準」，而善於歸納、詞約旨豐、一語中的同樣是一種「水準」，而且更為難得。

西元一九八四年，新當選的法國總理洛朗．法比尤斯（Laurent Fabius）發表就職演說。第二天的報紙這樣描述新總理的演說：「還沒等人們醒悟過來，新總理已轉身回辦公室了。」報紙並沒有誇張，事實上，總理的演說詞就兩句：「新政府的任務是使國家現代化，團結法國人民。為此要求大家保持平靜的心態，拿出最大的決心。謝謝大家。」言簡意賅，非常到位。有些人的致辭長長大論、泛泛而談，效果反而不好。

英國人波普說：「話猶如樹葉，在樹葉太茂盛的地方，很難見到智慧的果實。」這句簡潔的話，本身就是智慧的果實。

話多算不上脫口秀

夜路走多了，自然容易碰上鬼；說話說多了，自然容易嚼到自己的舌頭。曾國藩曾說過：「人生壞事的兩個因素，一是自傲，二是多言。多言生厭，多言招禍，多言致敗，多言無益。」

《笑林廣記》中有一笑話，可能大家都聽說過。說有人在家設宴款待幫助過他的人，一共請了四位客人。將近晌午，還有一人未到。於是自言自語道：「該來的怎麼還不來？」，一聽到這話，一位客人心想：「主人這麼說，那麼我是不該來了？」於是起身告辭。主人很後悔自己說錯了話，便道：「不該走的又走了」，另一位客人心想：「難道是說我是該走的了？」也起身告辭。主人因自己說話不周把客人氣走了，十分懊悔。妻子也埋怨他不會說話，於是他辯解道：「我說的不是他們啊」。最後一位客人一聽這話，心想「不是他們！那只能是我了！」，於是嘆了口氣，也走了。

這則笑話當然有些誇張。將生活中常見的事情進行誇張，是形成笑話的一個重要手法。但笑話歸根究柢也是如藝術一般，儘管高於生活，但來源與生活。在我們身邊，有一些人講起話來喋喋不休，看上去似乎是伶牙俐齒，但經過仔細琢磨你就會發現原來此人言之無物；有的人出言看似高深，但言語晦澀，聽得你一頭霧水；有的人口若懸河，滔滔不絕，但實際上是虛張聲勢的空話；有的人辭藻華麗、巧言諂媚，實際是嘩眾取寵。而生活中有些人惜言如金，但言之既出則一針見血；有的人語言簡練，但卻深入淺出言之有理。

《鬼谷子．本經符》中有云：「言多必有數短之處。」這就是成語「言多必失」的出處。為什麼言多必失，我們可以從兩個角度來分析這個問題。首先，任何一個人都客觀存在一定的語言失誤率，從機率的角度來說，「言」的基數越大，失誤的絕對數目就會越大；其次，言語過多，難免把時間與精力側重在說上了，給思考留的時間與精力過少，必然會增加了語言的失誤率。

話說多了容易嚼到舌頭，因此有所謂的「沉默是金」一說。當然，對「沉默是金」這句話當然也不應呆板去理解。什麼都不表態，什麼都保持沉默，並非一種積極向上的人生態度。整天板著臉，冷冰冰讓人難以靠近、難以琢磨，裝酷或許可以，但酷得遠離了生活就不對了。沉默要恰到好處。火候不足，內不足以修身養性，外不足以親切感人；火候過老，顯然已是身如槁木，心若死灰，又何來生趣呢？

總之，我們不能為少說而少說，少說的最終目的是把話說好。只有這樣，才能稱之為「脫口秀」，而不是「閉口秀」。

一則涵義深刻的相聲

相聲是中國曲藝藝術品種中最平民化、最受聽眾、觀眾歡迎的一種。可以說，在中國，地不分東南西北，人無分男女老幼，沒有不知道相聲，不喜歡相聲的。其中，相聲大師侯寶林無疑是一位人見人愛的相聲泰斗。在侯寶林大師的相聲中，有一則相聲叫《戲劇與方言》，其中就簡潔說話與囉嗦說話進行了有趣的對比，令人聽了在捧腹大笑的同時，也有一些感悟。下面，我們將摘錄《戲劇與方言》中的片段，在愉悅的氣氛中結束本章的閱讀：

甲：相聲語言的特點就是短小精悍而邏輯性強。

乙：哎。

甲：道地的北京土語說起來囉嗦，什麼名詞、副詞、代名詞、感嘆詞用得太多！

乙：那您舉一個例子，囉嗦的北京土語怎麼說？

甲：比如說，哥兒倆，住在一個院子裡，一個在東房住，一個在西房住，夜間都睡覺啦，忽然那屋房門一響，這屋發覺啦，兩個人一問，一答，本來這點兒事講幾個字就能解決．要用北京土話能說得囉哩囉嗦一大堆！

乙：那怎麼說？

甲：那屋房門一響，這屋發覺啦。「喲呵！」

乙：「喲呵？」

甲：啊！先來感嘆詞。

乙：好嘛。

甲：「喲呵！那屋『咣當』一下子，黑更（jīng）半夜，這是誰出來啦？一聲不言語，怪嚇人的！」

乙：嗒！這一大套。

甲：回答的更囉嗦啦：「啊，是我，您哪，哥哥，您還沒歇著哪（睡覺的意思）？我出來撒泡尿。沒有外人，您歇您的吧，您甭害怕，您哪。」

乙：這是比那個囉嗦。

甲：這位還關照他哪：「黑更半夜的穿上點兒衣裳，要不然凍著可不是鬧著玩兒的，明兒一發燒就得感冒嘍。」

乙：呵！

甲：「不要緊的，哥哥，我這兒披著衣裳哪，撒完尿我趕緊就回去，您歇著您的吧，有什麼話我們明兒見吧，您哪。」

乙：這夠多少字啦？

甲：三百多字。要用精鍊的北京話說這個事，把它分成四句話，用十六個字。

乙：一句話用四個字？

甲：哎。

乙：您說說。

甲：那兒屋門一響，這兒發覺啦。「這是誰呀？」

乙：嗯，四個字。

甲：回答也四個字。「是我您哪。」「你幹嗎去？」「我撒泡尿。」

乙：嗯！這省事多啦。

甲：還有比這省事的呢。

乙：哪兒的話？

甲：山東話。同是四句話用十二個字就行啦。

乙：噢，三個字一句？

甲：哎，那兒屋門一響，這兒發覺了一問：（學山東話）「這是誰？」

乙：嗯，三個字。

甲：回答也是三個字。（學山東話）「這是我。」「上哪去？」「上便所。」

乙：這是比那省事。

甲：嗯！還有比這省事的。

乙：哪兒的話？

甲：上海話，也是四句話。

乙：用多少字？

甲：八個字。

乙：兩個字一句。

甲：那兒屋門一響，這兒發覺一問：（學上海話）「啥人？」「我呀。」「啥（事）體？」「撒尿。」

乙：嘿！有意思，這真省事。

甲：不，還有比這省事的呢。

乙：哪兒的話？

甲：河南話。

乙：用幾個字。

甲：四個字。

乙：一個字一句？

甲：哎。

乙：怎麼說？

甲：那兒屋門一響，這兒發覺了一問：（學河南話）「誰？」「我。」「咋？」「溺！」

……

第二章　如何說話更簡潔

脫口秀要求語言簡潔、精鍊，以盡可能少的言語表達出盡可能多的內容。因此，廢話、大話、空話、套話都應盡力規避。西方有一句諺語：「別讓叢生的雜草掩蓋了你種的鮮花。」莎士比亞也說過：「簡潔的語言是智慧的靈魂，冗長的語言則是膚淺的藻飾。」口才表達與文章寫作一樣，講求「意則期多，言惟求少」，真正做到「言約而旨豐」。

相傳宋代大文學家歐陽修有一次與兩個年輕人在一起談論修辭的問題，剛好看到外面有一匹飛奔的馬，將一條躺在路邊的黃狗踏死了。歐陽修問：「如果要我們把剛才看到的情景寫下來，怎樣才能寫得精鍊點呢？」其中一個年輕人說：「我用二十個字就可將這番景象描述下來。」接著就說：「劣馬正飛奔，黃犬臥通途。馬從犬身踐，犬死在通衢。」歐陽修聽後說：「字太多了，而且有重複。二十個字中，就有兩個『馬』字，三個『犬』字，『通衢』也與『通途』同義。」另一個年輕人經過思索，說：「我可以用十一個字寫出來：『有馬過通衢，逸馬踏而過之。』」這兩句雖比上一個年輕人說的要簡潔得多，但仍有重複的地方，而且沒有將犬被馬踏死的事實寫出來。後來歐陽修重擬了一句：「逸馬斃犬於途。」只用了六個字，言簡意賅。兩個年輕人都很佩服，連聲讚嘆不已。

有多少話人們不得不說，只是為了打破沉默。——埃利亞斯・卡內蒂（Elias Canetti）【保加利亞】

知識少的人，講話講得特別多；知識多的人，講話反而講得很少。——盧梭（Jean-Jacques Rousseau）【法國】

談話猶如立遺囑：話越少訟爭越少。——葛拉西安（Baltasar Gracián）【西班牙】

簡潔是智慧的靈魂。——莎士比亞（William Shakespeare）【英國】

假如發生的事情都是偉大的，就不會有瑣碎的談話。——赫茲利特（William Hazlitt）【英國】

如果有人知道，我們總是多麼易於誤解別人，他就不願在人前信口開河了。——歌德（Johann Wolfgang von Goethe）【德國】

繩是長的好，話是短的好。——列夫・托爾斯泰【俄國】

簡潔並不簡單

記得有位作家在領一個文學獎時，應邀發表了這樣的即興演講：「瓜田裡有很多瓜，我是一個瓜，並不比別的瓜大、好，只是長在路邊上，被人發現了。」

作家將自己比作普通的瓜，被人發現只不過是運氣好而已，謙遜、雅致而又幽默。

感言簡潔，但絕不簡單，其涵義深刻，讓人聽後難忘。

一個人要在社交中做到說話簡潔卻不簡單，真正讓自己的口才「秀」起來，需要從以下三個方面加強自己。

首先，學會統整。我們在交流思想、介紹情況、陳述觀點、發表見解時，為了讓對方能夠很快了解自己的說話意圖，往往要使用高度精準、十分凝鍊的語言，提綱挈領把問題的本質特徵描述出來，以達到一語中的、以少勝多的效果。很多偉人都有這種能力，他們善於控制形勢，抓住問題的癥結，且能用準備精當的語言加以歸納描述，其作用和影響非同一般。

其次，學會應急。由於受客觀環境的限制，有時容不得你長篇大論，侃侃而談，只能逼你三言兩語，述其概要。例如在戰場上、在搶險工地、在各種危急關頭，甚至是一對情侶在汽笛拉響的月臺前話別，根本來不及去高談闊論。此時，唯其簡明扼要的話語，才能顯示其特有的鋒芒。反之，在緊急關頭作長篇大論，則事與願違。比如，西元一八一二年英美戰爭全面爆發前夕，美國政府召開緊急會議討論對英宣戰問題。會上，一位議員的發言從下午開始一直持續到午夜，發言者竟然不理會會場上大多數議員四起的鼾聲。結果另一位議員又急又怒，用痰盂向發言者頭上擲去，才結束那人的發言。待通過決議時，英國人已經打到了美國人的家門口。很顯然，這種「馬拉松式」的發言，超出了聽眾的心理承受能力，不但無法讓人接受，而且因貽誤戰機所造成的損失更是難以計算。如果說寫文章可以「有話則長，無話則短」，那麼，在快節奏的今天，說話應該提倡「有話則短，無話則免」的原則。

第三，學會通俗。簡潔的語言一般都通俗明快，若要追求詞藻的華麗、句式的工整，則必然顯得拖沓冗長。

要使自己的語言簡潔凝鍊，不是一件很容易的事，從「兩句三年得，一吟雙淚流」、「吟安一個字，撚斷數莖鬚」等名句中，我們似乎揣測到古人追求語言簡潔精當的良苦用心。如何使自己的語言達到「少而準」、「簡而豐」，重要的是要培養自己分析問題的能力，要學會透過事物的表面現象，掌握住事物的本質特徵，同時要善於歸納統整。在此基礎上形成的語言，才能做到準確而精闢，有力度和魅力。

生動活潑，引人入勝

生動是社交脫口秀的基本要求之一。我們無論在什麼場合下，都需要使用易被對方接受、鮮明生動的語言，而忌諱那種生澀難懂、空泛乏味的說教。這就需要我們努力控制好以下兩點。

語言的生動性

運用語言的生動性，一個最基本的要求就是要使用自己的語言。蘇聯的加里寧曾感慨指出：「最壞不過的事便是用現存的公式和現存的口號來思想。這種做法當然容易得多，但若用自己的話把某種理論表達出來，那首先得好好思索清楚，了解清楚，不然你就會犯錯誤。如果說話時只背誦那些記得爛熟的公式，則說明你的腦子並沒有真正起作用，而是在睡覺。」同時他還明確指出：「為什麼你們在發言中總是力求用現成的公式來講話呢？……什麼叫做說現成的話呢？這就是說，你們的腦筋沒有起作用，而只是舌頭在起作用。說現成的一套話，你們就不能夠給人家以印象。為什麼呢？因為這套話用不著你們說大家也知道。你們害怕若按自己的意思來講話，那就會講得不很漂亮，其實你們錯了。每個人應該力求用自己的語言說話，用母親教會的語言說話。母親所教出的語言是最好的語言，請你們相信我說的是良心話。」

加里寧的這番話是很能啟迪我們。每一個人在運用語言的實踐中，都要大膽去總結，去思考，去創造，透過自己的思考和理解去分析問題，並且去說服人，讓人接受，願意跟你合作。

語言的形象性

說明形象的生動性，就是語言敘述中所選擇的形象應該更加生動、感人，並且在語言的運用上也要真實描述出其行動性。這就要在形象的選擇和描繪上精心籌畫，適當使用比喻、擬人、襯托、渲染、誇張等手法。

東晉的顧悅與簡文帝同一年出生，但顧悅的頭髮早白，簡文帝對他說：「你的頭髮為什麼先白？」顧悅回答道：「我好比蒲柳弱質，一到秋天就凋落；您如同堅貞的松柏，經過風霜，更加茂盛。」

這種講話風格融資訊傳遞於柔美愉快之中，增強了表達的效果，使接受者在獲取資訊的同時，也得到美的享受，從而勃發認同、傾心的情趣，使講話更能達到目的。

平實自然，通俗易懂

脫口秀不是散文朗誦，不必追求華麗的詞藻，也不是學術報告，不需要深奧的專業術語，脫口秀要求用平實的語言來敘事或說理。

西元一八六〇年，亞伯拉罕．林肯（Abraham Lincoln）競選總統時，發表了下面一段風趣幽默的競選辭。

「有人打電話問我有多少錢，我告訴他們我是一個窮人。我有一位妻子和兒子，他們才是我的無價之寶。我租了一間房子，房子裡有一張桌子和三把椅子。牆角有一個櫃子，櫃子裡的書值得我讀一輩子。我的臉又瘦又長且長滿鬍子，我不會發福而挺著大肚子，我沒有什麼可以庇蔭的傘，唯一可以依靠的就是你們！」

這段話類似於一首長短句，通俗易懂，生動淺顯。西元一八六一年至一八六五年的美國南北戰爭期間，倫敦的《星期六評論報》告訴讀者：「美國人民有一個十分優越的條件，就是他們現在的總統不僅是一位可敬的國家元首，還是全國第一位愛開玩笑的人。」

脫口秀要多用貼近現實生活的、自然輕快通俗易懂的口語，如多選用化名詞、象聲詞、迭音詞、語氣詞、民諺、歇後語等。歸納可以透過下列方法使表達口語化。

・少用文言詞，多用現代詞彙；少用方言詞，多用通用詞彙；
・少用書面語，多用口語詞彙；少用抽象語，多用形象詞彙；
・少用學術語，多用普通詞彙；少用連接詞，多用動態詞彙；
・少用成語，多用俗話。

談到口語化，有必要談談口頭禪盲點。

口語中常見的口頭禪，比如：「好像」、「也許」、「說不定」、「大概」、「大約」、「或許是」、「反正吧」、「太那個了」、「怎麼說咧」、「啊」、「吧」、「好嗎」、「行嗎」，等等。

這些口頭禪會削弱表達的效果，影響聽眾的情緒。口頭禪會使一些語句反覆出現，破壞語言結構，使語言斷斷續續，前後不連貫，每一次口頭禪的出現等於一次切割，把整個過程切得支離破碎，給人離散之感。口頭禪是一種相似的模式，令聽眾覺得平淡、枯燥，有人把口頭禪比喻為「語言的腫瘤」，這是有道理的。

尤其是一些「髒亂差」口頭禪更顯粗俗，一定要根除，沒有必要把粗俗當個性。

有內秀才會有「外秀」

當美國的萊特兄弟把鋼鐵「大鳥」第一次送上了藍天之後，當地政要為其組織了一次慶功酒會。在酒會上，人們再三要求他們弟兄倆「說幾句」。推辭不過，威爾伯·萊特（Wilbur Wright）站起來說：「據我所知，鳥類中會說話的只有鸚鵡，而鸚鵡是飛不高的！」威爾伯的話音一落，贏得滿堂喝彩！

威爾伯脫口而出的一句話，其深刻涵義值得我們反覆玩味。說話簡潔，與其說是一種習慣，不如說是一種能力的體現。唯有內心靈秀，才能口吐蓮花。如果腹內空空，即使想簡潔也不知道如何簡潔，即使想說到位也表達不到位，最終難免支支吾吾、不知所云，或胡言亂語、洋相百出。

和珅這個人，相信我們大家都多少有些熟悉。在充斥螢幕的「辮子戲」中，這個狡猾奸詐的大貪官經常粉墨登場。據說，在嘉慶四年查抄這個貪官時，估算其總資產有八億兩白銀以上。乾隆末年國家財政每年的實際收入大概是七千多萬兩白銀，和珅的財產相當於清朝盛世十多年的財政收入。這個數目真是大得讓人匪夷所思。

和珅的發跡，和一句話有莫大的關係。他屢次應舉不中，就透過關係成了幫助管理皇帝鑾輿、儀仗的侍衛。依照現在的話說，也就是一個司機班成員。有一次，乾隆皇帝出宮。起行之際，倉猝間找不到御用的黃龍傘蓋。乾隆很生氣，借用《論語》上的一句話發問：「是誰之過歟？」在場者面面相覷，不知如何回答。此時和珅卻立刻站出來答道：「典守者不得辭其責。」

乾隆皇帝很吃驚，因為《四書》上對上句話的注解是：「豈非典守者之過邪？」這裡，和珅變通得自然貼切。乾隆皇帝是一個很愛才的人，當場就把和珅叫過去詢問。而和珅回答得很得體，很讓乾隆皇帝滿意。

和珅透過這一句話獲得了乾隆皇帝的青睞，讓他總管儀仗隊。不久，又升為御前侍衛兼副都統，管理宮中的瑣碎事務。就這樣，和珅成了乾隆最貼身的人。再後來，他透過努力，變貼身為貼心。

可以說，和珅恰到好處、脫口而出的一句話，拉開了他平步青雲的序幕。當然，和珅的貪腐應該抨擊，但其過人的口才卻值得學習。我們可以想像，和珅如果不是大腦聰明，知識儲藏豐富、思維反應奇快，他就不可能有那麼好的口才。

因此，口才看似只與「口」有關，好像是個「嘴力勞動」，實際上，更是一種「腦力勞動」、「智力勞動」。如果你在社交場合說話不能遊刃有餘，不妨多用眼睛看書，多用耳朵傾聽，多用腦子想，多鍛鍊自己的口才……相信你的口才也會隨著知識的豐富而「秀」起來。

說話應該注意場合

孔子認為：人在不同的場合，說話的語氣、態度、內容也要有相應的不同。孔子與父老鄉親、街坊鄰居說話，恭順隨和，好像不善言辭；在宗廟朝廷說話，他從容應對，辯才無礙，但也謹慎小心；在朝廷中，他與下大夫等同級別的官員說話，輕鬆愉快，侃侃而談；與上大夫等高級官員說話，端正嚴肅，不是太隨便；君王臨朝的時候，他恭敬而緊張，但也不失風度。孔子以身作則教導人，該謙虛的時候，應該謙虛；該表現的時候，應該表現；該輕鬆的時候，應該輕鬆；該嚴肅的時候，應該嚴肅；該敬畏的時候，應該敬畏。

說話不注意場合，極容易惹火燒身。據史書記載，秦二世每天不上朝，把朝政全交給趙高處理，自己在後宮享樂。丞相李斯對皇帝的昏庸和趙高的專權感到不滿，多次上書給皇帝，但奏摺根本到不了皇帝的手上。趙高覺得留著李斯終究要壞他的事，便想陷害李斯。於是，他找到李斯，說了一些秦二世的不是，然後極力慫恿李斯進諫，並答應待皇帝有閒時通知李斯。李斯不知是計，很高興答應了。

於是，每當秦二世與宮女玩得高興時，趙高便派人通知李斯：「皇帝現在有閒空兒，你有什麼意見就快去提吧！」李斯傻傻立刻進宮見駕，據理力諫社稷江山大計。像這種情況連續出現了好幾次，終於把秦二世搞得非常惱火，認為李斯是有意與自己過不去。有一天，秦二世對趙高說：「這個李斯太討厭了，我正享樂的時候，他便來找我的麻煩，還總說一些讓我煩悶的話！」

趙高聽了，趁機進了一些讒言，透過秦二世把李斯扳倒，接著又以謀反的罪名逮捕了李斯，腰斬於咸陽。父母、兄弟、妻子三族也被夷滅。

人家玩性正濃，他卻三番五次敗興。李斯真可謂聰明一時糊塗一時。

魯迅先生曾說過這樣一個故事：有一個闊人家在孩子滿月時舉行慶宴，前來慶賀的人見到孩子，有的說孩子將來一定能當大官，有的說孩子將來一定能發大財，有的說孩子將來一定能成就大事業，等等。這時有一個人卻說：這孩子將來會死的。前人都是隨口奉承，沒有根據；最後一人所言確有根據，符合客觀規律。但從口語表達的效果看：對前者，主人眉開眼笑，連連道謝；對後者則怒氣衝天，棍棒相加。孩子滿月是喜事，主人這時願聽讚美之詞，儘管是信口之言；而說孩子將來必死確是有據之言，卻使主人反感。因為言語與場合和喜慶的氣氛不相協調。由此可見，在莊嚴的場合言語也要莊嚴，在輕鬆的場合言語也要輕鬆，在熱烈的場合言語也要熱烈，在清冷的場合言語也要清冷，在喜慶的場合言語也要喜慶，在悲哀的場合言語也要悲哀。

少說多聽常點頭

一個年輕人準備隻身出去闖天下，臨行前，他的父親鄭重其事告訴他：「多聽少說常點頭。」

這位父親真可謂是一個精明人，「多聽少說常點頭」，真是待人處事成功的「潤滑劑」。

事實上，這句話字面的意思相當淺白，不用解釋也能看懂，但這麼做究竟有什麼益處，可不是人人能懂。

「多聽」，就是多聽別人說，聽別人的做事經驗，聽別人的人際恩怨，聽別人話語透露出來的有關周圍環境的資訊。你多聽，別人就會因為你「多聽」而多說，他說得越多，你從中得到的知識和資訊也就越多。

「少說」，能多聽，自然就會少說。少說不但可以「引導」對方多說，還可以避免流露自己的內心祕密，更可以避免因為說錯話，得罪別人。這樣，你就成為了一個靜觀其變的旁觀者，對於其中的一切變化，都盡在你的掌握之中了，你也就更能隨機應變。

「常點頭」，這並不是要你做個沒有主見的應聲蟲，而是避免在團體中成為別人眼裡「不合時宜」的人，也就是說，聽別人說話時，多點頭，表示你的專注，即使有不同意見，也要先點頭再提出。無關緊要的事，不必堅持己見，多點頭迎合，並且配合，這樣人人都會當你是好朋友，接下來的路也就會變得暢通無阻了。

「多聽少說常點頭」的原理就在於順著客觀環境，避免突出自己，為的就是減少別人對你可能造成的傷害。

「多聽少說常點頭」這個原則適合於人一生中任何一個階段。初入社會「多聽少說常點頭」是學習；到了中年，事業呈現向上發展的趨勢，「多聽少說常點頭」則可減少阻力；而在老年時期，事實上，老年人還有什麼好說的呢？不如緘默養氣，並且多「點頭」，鼓勵年輕人，否則就很難獲得別人的尊重，成為倚老賣老的老傢伙了。

社交常用簡潔短語

在浩如煙海的俗成語言中，有一些是人們極其常用，又對人際關係交往起得極其重要作用的短語，若能在適當場合適當使用，會給我們帶來意想不到的良好效果。這些短語簡潔明瞭，通俗易懂，充分體現了語言文明的基本形式。在人們交往過程中，如能經常使用這十句用語，就可以避免許多不必要的誤會和摩擦，是人際關係和諧的潤滑劑。

下面把當代社會裡用得最多，也是最有效果的黃金短語收錄。

．「早安！」

「早安」是一句問候語，是和善、友好的表示，更是一種信任和尊重。「早安」一旦說出了口，雙方都有了親切、友好的意願，彼此間的距離縮短了，既增進了信任，還溝通了關係。

見面送上一句「早安！」可以讓彼此在愉悅中開始新的一天。因此，無論你昨天多麼累，在今天早上起來後，在這新的一天裡，都要精神抖擻向你周圍的人道一聲：「早安！」特別是對你的老闆和同事。

當然，除了早上叫「早安」外，「晚安」、「你好」、「再見」也能起得與「早安」一樣的良好效果。

．「請」

尊重他人的人，必然受到他人的尊重。在西方國家，幾乎在任何需要麻煩他人的時候，「請」都是必須掛在嘴邊的禮貌語。如「請問」、「請原諒」、「請留步」、「請用餐」、「請指教」、「請稍候」、「請關照」等等。頻繁使用「請」字，會使話語變得委婉而禮貌，是比較自然把自己的位置降低，將對方的位置抬高的最好的辦法。

．「謝謝！」

生活中，我們要常說「謝謝」兩個字。道一聲「謝謝」，看似平常，卻能引起人際關係的良性互動，成為交際成功的促進劑。人際關係交往裡有一個「黃金法則」，內容是「你如何對待別人，別人也會以同樣的方式給予回報。」

向別人表示你的感謝是一個積極而有意義的舉動。因為這是一種感恩的心態和行為。感恩既是一種良好的心態和奉獻精神。若你能對別人的幫助表示一下謝意，彼此的關係就會因此而發生變化，彼此間的距離也縮短了，感謝也開始產生呼應和共鳴。

千萬不要忘了你身邊的人，你的家人，你的朋友，你的老闆，你的同事，他們是了解你和支持你的，說出你對他們的謝意，並用良好的心態回報他們吧！這樣，他們就會給予你更多的信任、支援和幫助的。

對他人的道謝要答謝，答謝可以「沒什麼，別客氣」、「我很樂意幫忙」、「應該的」來回答。

・「對不起！」

說聲「對不起」，生活將變得更輕鬆。有一句話說得好：「智者千慮，必有一失。」一個人再聰明能幹，也會有犯錯誤的時候。人在做了錯事之後，往往有兩種截然不同的態度：一種是拒不認錯，找藉口為自己辯解開脫；另一種是坦誠承認錯誤，向大家說聲「對不起」，並勇於改正，找出解決的途徑。

有了過失與錯誤，就應該及時道歉，說聲「對不起」。「對不起」是消除後遺症的「定心丸」，說得越及時越好，說得越誠實越好。道歉既是尊重別人，也是尊重自己，不但能彌補過失，還能增進情誼，化解危機。

學會說「對不起」，看似簡單，但它的效用，非別的字眼可以比擬。「對不起」能使強者低頭，使怒者消氣，使說者更加成熟。

·「我不知道」

「知之為知之，不知為不知。」在社交中，對自己不知道的事情要坦率說不知道。這樣反而更容易贏得別人的尊重。在現實生活中，許多人不願意說出「我不知道」這四個字，認為這樣做會讓別人輕視自己，令自己沒有面子。其實，效果正好相反。平時動不動就說「我知道」的人，一般都是不善於與他人交往和不受人喜歡的人；而敢於說出「我不知道」的人，則是一種具有智慧的人，因為但凡有智慧者，都有勇氣承認「沒有人會知道一切事情」這個事實。

「我不知道」是一種動力，讓我們不斷學習，不斷進步，贏得尊重，贏得成就。

·「我喜歡你」

人是自己的一面鏡子，你越喜歡自己，你也就越喜歡別人。當你越喜歡別人時，你也就越容易與對方建立起良好的友誼。通常，要想讓別人聽從你的建議，要讓別人樂意幫助你，首先就是喜歡你這個人。要別人喜歡你，首先你要喜歡對方。

「我喜歡你」是著名的推銷員喬．吉拉德（Joe Girard）用得最好的一句簡潔的話。每個月他都至少向一萬三千個老主顧寄去一張問候卡片，而且每個月的問候卡片的內容都在變化，唯一在卡片正面列印著的資訊沒有變過，那就是「我喜歡你」。每個人都希望別人喜歡自己、接受自己，只要是善意的，我們不妨對對方說出「我喜歡你」呢？

摒棄華而不實的話

據《歌德傳》記載，以《少年維特之煩惱》、《浮士德》等不朽名著蜚聲世界文壇的德國大詩人歌德，在青年時代攻讀的不是文學而是法學，曾獲得法學博士的學位，成了一名律師。

有一次，有人請歌德在法庭上擔任辯護律師。這位年輕的律師心情澎湃，熱情洋溢，他一走上法庭，就發表了一段演說：「啊！如果喋喋不休和自負竟能預先決定明智的法院的判決，而大膽和愚蠢竟能推翻已得到證明的真理……簡直是很難相信，對方居然敢向你做這樣的提議，它們不過是無限的仇恨和最下流的謾罵熱情下的產物……啊！

在最無恥的謊言、最不知節制的仇恨和最骯髒的誹謗的角逐中受孕的醜陋而發育不全的低能兒……」

這一段「帶有一股熱情的行吟詩人的氣味」的辯護詞，詞藻華麗而很有熱情，充分顯示了歌德潛在的文學才能，可惜效果並不好，旁聽席上的聽眾公開表示對這種辯護的不滿，並不時發出低低的嗤笑聲，法官也微笑著搖搖頭。對方的律師抓住這個機會狠狠駁斥和譏笑了他。

歌德被激怒了，隨即用一種「戲劇性的感嘆」來繼續他的發言：「我不能再繼續我的發言，我不能用類似的這種瀆神的話來玷汙自己的嘴，對這樣的對手還能指望什麼呢……需要有一種超人的力量，才能使生下來就瞎眼的人復明。而制止住瘋子們的瘋狂——這是員警的事。」

這次連法官們也不能保持緘默了，法官向他指出，這樣的發言不能被允許，法庭上不能用這種語言來進行辯護。歌德的第一次出庭辯護就遭到旁聽者的非議，受到法官們的指責，以失敗而告終。

後來，歌德再三考慮，終於放棄了律師的生涯，轉而從事文學創作。

少年時代起就才華橫溢、傲視一切的歌德，具有非凡的駕馭語言的能力，但他的辯護為什麼卻失敗了呢？

歌德的辯護之所以失敗，主要是因為用語華而不實，輕飄飄的好聽卻沒有說服力。歌德的辯護詞在語言的形象、辭藻的華麗方面下了很大的功夫，他所選用的詞語形成一種文藝語體，用這種語體說話，簡直如同詩人在朗誦詩歌，戲劇家在琢磨臺詞。而他作為律師，其角色也就變換了，優美的文學語言與他的角色發生了衝突，與法庭這一特定的場合嚴重失調，它根本不是辯護詞，自然也起不到辯護的作用。對於法庭來說，它只是一堆無濟於事的「漂亮的廢話」，所以歌德辯護的失敗是必然的。

社交脫口秀雖然不是法庭辯論，但同樣要摒棄那些賣弄詞藻、華而不實的話。質樸的語言是最美的語言，華而不實的話往往令人生厭。

第三章　靈活機智最重要

第三章　靈活機智最重要

阿里巴巴創辦人馬雲是出了名的好口才。在馬雲的創業過程中，他一直不停用自己古代縱橫家式的嘴來傳播、宣揚與推銷自己。在阿里巴巴還是一個「嬰兒」時，馬雲曾經因為沒有足夠的「奶粉錢」而焦頭爛額。在一次會議的間歇，他遇到財主孫正義，便起了化緣之心——想找孫融資。按照通常的套路，找人融資可是有一套嚴格的程序的。而在這套程序中，商業計畫書是必不可少的。馬雲沒有準備這些材料，但機不可失，怎麼辦？

「和您這樣的聰明人講話，不需要多講，所以我沒有商業計畫書。」馬雲脫口而出的話，即不露痕跡掩蓋了自己的準備不足，同時又巧妙拍了孫正義的「馬屁」。有了這句一箭雙雕的脫口秀作鋪墊，外加幾分鐘的鼓動，孫正義很快就掏出兩千萬美元給了馬雲。

我們每天面對的生活都是新的，那些事先設計好的「臺詞」、「文稿」並不一定能用上。只有具備靈活機智的談吐，才能在工作與生活中舌綻蓮花、遊刃有餘。

口者，心之門戶，智謀皆從之出。——《鬼谷子》

神人之言微，聖人之言簡，賢人之言明，眾人之言多，小人之言妄。——《醉古堂劍掃》

思考是我無限的國度，言語是我有翅的道具。——席勒（Friedrich Schiller）【德國】

話最多的人是最不聰明的人，在一個演說家和一個拍賣人之間，幾乎沒有區別。——紀伯倫（Jubran Khalil Jubran）【黎巴嫩】

語言是說出來的思想，文字是寫出來的思想，而思想只是尚未說出來或者尚未寫出來的語文罷了。——馮定

在人含怒時千萬要注意兩點：第一不可惡語傷人，第二不可因怒而輕洩隱祕。——培根（Francis Bacon）【英國】

學會如何打圓場

中國人為人處世，喜歡講究一個「內方外圓」：「方」是指原則與規矩，不容冒犯；「圓」是指圓融與活絡，可以妥協。黃炎培曾給兒子寫過四句話：「和若春風，肅若秋霜；取像於錢，外圓內方。」，就是希望兒子像古銅錢那樣外圓內方，對人要寬容和善，像春風一樣，對自己要嚴格要求，像秋霜一樣嚴肅。

具體到社交脫口秀中，「打圓場」是常見的一種「外圓」之道。一九九〇年代初，詩人嚴陣和一青年女作家訪問美國，路遇兩個陌生美國老人。兩個老人在得知他們是來

自於中國的客人後，非常友好。其中一位老頭主動擁抱了青年女作家，罷了還吻了女作家的額頭。那個時候的中國人並不習慣也不認同這種「親密」，特別是女性更是害羞得很。因此，女作家在老頭的熱情中十分被動與尷尬。另一位老太太見狀，在一旁責怪起那位熱情「過分」的老頭，說中國人不習慣這樣子。熱情的老頭像個犯了錯誤的孩子似的呆立一旁，不知所措。嚴陣趕快走到老人面前，微笑著說：「啊，尊敬的老先生，您剛才吻的不是這位女士，而是中國，對嗎？」老人聽了，馬上回答：「對，對！我吻的是中國！」難堪的氣氛頓時在這句話後煙消雲散，大家又開心聊起了天。

明明吻的是人，嚴陣卻說吻的是國家。但他說的也很對，因為在那個美國老人眼裡，他們本來就是出於對中國的友好而表現熱烈的。把「吻人」變成「吻中國」，女作家的眼界一下子就開闊了，心裡也豁然了：原來這和肌膚的親近沒有關係，只是一種對於中國人的熱情友好表示而已。一句靈活機智的話，就將場面迅速扭轉。你看脫口秀的力量有多麼神奇。

有時候，當雙方都處於尷尬境地時，協力廠商若能從旁邊巧妙為雙方打個圓場，便能將凝滯的氣氛變得輕鬆。

清末的陳樹屏口才極佳，善於調解紛爭。他在江夏當知縣時，張之洞在湖北擔任督撫，譚繼詢擔任撫軍。張、譚兩人素來不和。一天，陳樹屏宴請張之洞、譚繼詢等人。聊天過程中，當談到長江江面寬窄時，譚繼詢說江面寬是五鳌三分，張之洞卻說江面寬是七鳌三分。雙方爭得面紅耳赤，本來輕鬆的聊天也一下子變得尷尬。

陳樹屏見狀，知道兩位上司都在借題發揮，故意爭吵。為了緩和氣氛，又不能得罪兩位上司，他說：「其實兩位說得都對。江面在水漲時寬到七鳌三分，而落潮時便是五鳌三分。張督撫是指漲潮而言，而譚撫軍是指落潮而言的。」

陳樹屏巧妙將江寬分解為兩種情況，一寬一窄，讓張、譚兩人的觀點都在各自情況下顯得正確。他們二人聽了如此高明的圓場話，也不好意思再爭論下去了。

行車途中，一個陡然的大轉彎很容易造成車禍，人與人之間的對話，若轉彎過猛也易出現「口禍」，「打圓場」是化解「口禍」的有效手段。

需要打圓場的場合總是很多，有時要為自己的過失找圓場，有時要為別人的爭執吵鬧當「裁判」，如果弄得不好，只會火上澆油，不僅不會息事寧人，還會擴大事態。

兩個朋友爭執，非要你裁決不可，如果逃避，反而會同時得罪兩個人。那麼在勸架時，怎樣做才有效呢？有三條原則：

．**原則一**：不盲目勸架。講不到重點，非但無效，還會引起當事人的反感。要從正面、側面盡可能詳盡把情況釐清，力求把勸架的話講到當事人的心坎上。

．**原則二**：要分清主次。吵架雙方有主次之分，勸架不能平均使用力量，要針對措辭激烈、吵得過分的一方，這樣才比較容易平息糾紛。

．**原則三**：要客觀公正。勸架要分清是非，不能無原則的「和稀泥」。不分是非各打五十大板，籠統對雙方都作批評，這不能使人心服。

對無關大是大非的小爭執，你不妨採取「和稀泥」的策略。「和稀泥」有三種技巧：

．**技巧一**：支離拆分。如果雙方火氣正旺，大有劍拔弩張、一觸即發之勢，這時，你即可當機立斷，藉口有什麼急事（如有人找或有急電），把其中一人調走支開，讓他們脫離接觸，等他們消了氣，頭腦冷靜下來了，爭端也就趨於平息了。

．**技巧二**：「欺騙蒙混」。太逼真，反而誤事，碰到這種情況，你應該隨機應變，以假掩真，然後順水推舟，變難堪的場合為活躍、融洽的場面。

．**技巧三：以情制勝。**你可以拿雙方過去的情分來打動他們，使他們主動「退卻」。或者以自己與他們每個人之間的情誼作籌碼，說：「你們都是我的好朋友，你們鬧僵了，讓我也很難過，就看在我的面子上，握手言和吧。」一般說來，雙方都會領第三者的這個面子的，順梯而下了。

見什麼人說什麼話

脫口秀不光要求要「狠」，要「快」，還要求要「準」。哪一招適合對付哪一個人，你心裡必須有數，不能亂來。脫口秀高手們說話向來都是因人而異、有的放矢。

春秋戰國時期的鬼谷子，早就洞悉了這個祕密。鬼谷子身為縱橫家的鼻祖，曾在《鬼谷子》中告誡後人們：與聰明的人談話，要依靠廣博的知識，否則不足以取信於人；與博學的人談話，要善於雄辯，否則不足以主導方向；與善辯的人談話要簡明扼要，否則不足以揭示主旨；與地位顯赫的人談話要氣勢恢弘，否則鎮不住場面……總之，要根據不同的對象運用不同的談話方法。

有一則小故事就很能說明這個問題：

一艘載有多國遊客的遊艇觸礁了，船身開始慢慢下沉。船長命令大副立刻通知遊客們穿上救生衣跳海。幾分鐘後，大副回來報告說沒有一個人願意往下跳。於是船長親自出馬。一下子工夫，只見遊客們一個接一個跳下海去。

事後，大副請教船長道：「您是如何說服他們的呢？」船長說：「我告訴英國人，跳海也是一項運動；對法國人，我說會有美人魚來拯救我們上岸的；我警告德國人說——跳海可不是鬧著玩的！在俄國人面前，我認真表示：跳海是一種壯舉。而對美國人，我保證船票中包含了人身意外險。」

「您又是怎樣說服那個中國人的呢？」

「太容易了！」船長得意笑道：「我只說：你看大家都跳了。」

這雖然只是個笑話，似乎在揶揄中國人。但似乎也不是無中生有，因為中國人的確有盲目跟風的陋習。同時，這個故事昭示了一個道理，那就是要「看人說話」，並且，應精心選擇說話的內容和方式。

有一次，孔子行遊在外，馬跑丟了，吃了農夫的莊稼。農夫很惱怒，捉住馬並予以扣留。孔子打發子貢前去求：隋，可是任憑子貢說得唇乾舌燥、好話說盡也無濟於事。孔子對此很自責，他說：「用別人聽不進去的話去求情，就好比是用三牲齊備的厚禮來招待野獸，用高雅絕倫的《九韶》來取悅飛鳥，只能是徒勞無益。這是我的過錯，不怪那人。」於是，他又打發一個精於養馬的人去求情。養馬人見到農夫便說：「您在東海邊上耕種，土地卻一直延伸到西海，我的馬丟了，怎麼會不吃您的莊稼呢？」農夫聽了，十分高興，馬上解下馬來交給養馬人——看看，話語一對上，效果馬上就出來了。

靈活機動的回答

通常，在社交中，那些反應敏捷、口齒伶俐的脫口秀高手能在接到對方的提問後，迅速思考並選擇一個最佳的回答方法。回答對方提問需要頭腦冷靜，不能被提問者牽著鼻子走。對於提問，能答即答，不能回答的可以迴避。

答話的技巧主要是在提問的前提裡。在回答之前一定要認真分析對方的問話。如果不加分析，隨口即答，就可能被對方所控制，掉進「語言陷阱」。所以，你在回答對方提問之前，分析前提是成功回答的關鍵。在掌握好前提以後，可以選擇如下幾種回答的方法。

設定條件法

對方提問的內容，有時可能很模糊，有時很荒誕，甚至很愚蠢，以致使人們很難回答。這時，我們在分析清楚的前提下，可以用設定條件的方法。據說有這樣一個故事。有一天，國王指著一條河問阿凡提：「阿凡提，這條河的水有多少桶？」阿凡提答：「如果桶有河那麼大，那只有一桶水；如果這個桶有河的一半大，那麼就有兩桶水……」阿凡提回答十分巧妙。因為這個問題很怪，國王故意想難倒阿凡提，他無法直接回答。只能先設一個條件，後說結果。條件不同，結果也就不一樣了。比如：

問：「今天有一隻黑貓跟著我，這是不是凶兆？」

答：「那要看你是人還是鼠。」

前者的問話很無知，回答時無法給他詳細的解釋。設定一個條件，其結果不言而喻，而且極幽默諷刺了問話者的愚昧。

答非所問法

答非所問，是回答提問的一種迴避戰術。對方提問出題，希望我們做出明確的回答，我們卻不願意回答他的問題，這時，我們可以巧妙轉移話題，答非所問，讓對方無法得到想要得到的答案。日本影星中野良子來到上海，有人問她：「你準備什麼時候結婚？」中野良子笑著說：「如果我結婚，就到中國度蜜月。」中野良子的婚期是個人隱私，中野良子自然不願吐露。她雖然沒有告訴婚期，卻說結婚到中國度蜜月，既遮掩過去，又表現了她對中國的友好。

對一些是非問句的回答，還可以採用反答法。本應答「是」、「有」，卻從「不是」、「沒有」方面回答；本應答「不是」、「沒有」，卻從「是」、「有」方面回答。如：

問：「你和妻子之間有什麼共同之處嗎？」

答：「我們都是同一天結婚。」

旅行家：「請問，從前有什麼大人物出生在這座城市嗎？」

導遊：「沒有。只有嬰兒。」

第一個例子本應答「沒有」，卻從「有」的方面尋找一個話題。後者帶有一定的諷刺意味，也是一種答非所問的戰術。

巧借前提法

巧妙利用對方的問話，在回答時也能收到良好效果。其中仿照和借用問話中的情態和詞語，演變出一種出人意料的應答，是應付問話的一種較為理想的方法。例如，西元一九七二年五月，在維也納的一次記者招待會上，《紐約時報》記者馬克斯．弗克蘭爾向季辛吉（Henry Kissinger）提出美蘇會談的程序問題：「屆時，你是打算一點一點宣布呢？還是來個傾盆大雨，整批發協定呢？」基辛格停了一下子，從容不迫答道：「我們打算一點一點發表整批聲明。」會場頓時哄堂大笑。基辛格巧妙利用對方的問話，仿照問話的詞句和情態，用幽默風趣的話語與記者周旋。這種方法，很值得我們借鑑。

言此意彼法

言此意彼，也就是所謂的「雙關」。眾所周知？利用雙關的修辭方法回答，具有含蓄、幽默與諷刺的功能，能收到意想不到的效果。紀曉嵐是中國古代著名的辯才，曾當過朝廷的侍郎。大臣和珅是個奸臣，曾當過尚書，對紀曉嵐的才能十分嫉妒。有一天，紀曉嵐和和珅一起在園中散步。這時，有條狗從他們身邊跑過。和珅指著狗問紀曉嵐：「是狼（侍郎）是狗？」他想利用諧音雙關罵紀曉嵐。紀曉嵐十分機敏，馬上回答：「垂尾是狼，上豎（尚書）是狗。」弄得和珅「偷雞不成反蝕一把米」，卻被紀曉嵐也用諧音雙關語戲弄一番。

還有一個故事，其回答的方法也是運用諧音雙關。古時候西域獻來獅子，蓄於御苑，每日供羊肉一十五斤。有個員外郎叫石中立，隨同僚一同前往觀看。有個同僚問：「這個野畜還給這麼多羊肉。吾輩當官的，每日才不過幾斤，難道吾輩不如牲畜嗎？」石中立說：「你難道連這都分不開？那是苑中獅，吾輩是園外狼（員外郎的諧音），怎麼可相提並論？」同樣是發牢騷，石中立運用諧音雙關，其回答幽默含蓄，要比他同僚發的牢騷高明得多。

否定前提法

對於對方的問話，有時我們不贊成。特別是當對方帶有一種不友好的態度問話時，我們需要做出否定的回答。否定回答主要否定對方問話的前提，其中包括觀點、態度和傾向。黑格爾《哲學演講錄》中記載了這樣一個故事：有一個詭辯家問梅爾德謨：「你是否停止打你父親了？」這位詭辯家想使他陷入困境，不管他答「是」，還是「否」，都會掉進「語言的陷阱」。如果答「是」那就說明他曾打過他父親；如果答「沒」，那就是他還在打父親。梅爾德謨很聰明，他答道：「我從來沒有打過他。」這個回答完全否定了問話中前提的含義，致使詭辯家嘲笑梅爾德謨的陰謀未能得逞。

顛倒語序法

在回答對方發問時，如果將對方的語序略微顛倒一下，就能夠成為一個與原來問句的意義截然相反的回答句式。

曾有一個神父問兩個牧師：「你們做禱告時抽菸嗎？」其中一個答道：「我做禱告時抽菸。」結果遭到一頓痛斥。另一個答道：「不，我抽菸時做禱告。」結果得到了神父的讚賞。

其實，兩個人的答語是一個意思，但是答法不同。前者做禱告時抽菸，表現他對上帝的不虔誠。而後者抽菸時做禱告，表現了他能抓緊時間，做禱告比較勤奮，說明他對上帝的忠誠。後者答話的巧妙之處就在於他顛倒語序，表達出與前者答話截然相反的意義。

妙答是一個智慧的綜合外化，是社交中高層次口才藝術境界。要想答得妙，必須注意生活感受的積累，加強對語言的修養。妙答，將使你成為一個令人矚目的社交明星。

妙語反擊無理的冒犯

在社交中，難免也會碰到一些無理取鬧的人。你該如何應對？

如在一球場裡，一個大學生的視線完全被前面一位年輕婦女的帽子擋住了，於是他對她說：「請您摘下帽子。」可婦女連頭也不回。「請您摘下帽子。」大學生重複一遍。「為了這個位子，我破費了十五個盧布，卻什麼也看不見！」

「為了這頂帽子，我破費了一百一十五個盧布。我要讓所有的人都看它。」年輕的婦女說完，一動不動的坐著。她違反公共道德在先，卻反而振振有詞反駁大學生的合理干涉。

要是你碰到這種無理行為怎麼辦？許多人常常大發一通怒火，大罵一頓無賴，但到頭來，對方還是振振有詞，條條有道，「理由」充足得很。你自己反而氣得手腳發顫，只會說：「豈有此理，豈有此理。」

那麼，應該怎樣說話才能反擊這種無理的行為，使得對方覺得理屈詞窮、無言以對呢？有四點值得注意。

情緒平和

遇到無理的行為，首先要做到的就是不要激動，要控制情緒。這個時候的心平氣和，對反擊對方有重要作用：一是表現自己的涵養與力量，以「驟然臨之而不驚，無故加之而不怒」的大丈夫氣概在氣勢上鎮住對方，如果一下子就犯顏動怒，變臉作色，這不是勇敢的行為。古人曰：「匹夫見辱，拔劍而起，挺身而鬥，此不足為勇也。」對方對此不但不會懼怕，反而會對你的失態感到得意。二是能夠冷靜考慮對策，只有平靜情緒，才能從容選出最佳對策，否則人都弄糊塗了，就可能做出莽撞之舉，更不要說什麼最佳對策了。

反擊有力

對無理行為進行語言反擊，不能說了半天不得要領，或詞軟話綿。要做到打擊點要準，一下子擊中要害；反擊力量要猛，一下子就使對方啞口無言。

有一個常以愚弄他人而自得的人，名叫湯姆。這天早晨，他正在門口吃著麵包，忽然看見傑克遜大叔騎著毛驢哼哼呀呀走了過來。於是，他就喊道：「喂，吃塊麵包吧！」大傑克遜大叔連忙從驢背上跳下來，說：「謝謝您的好意。我已經吃過早飯了。」湯姆一本正經說：「我沒問你呀，我問的是毛驢。」說完得意一笑。

傑克遜大叔以禮相待，卻反遭一頓侮辱。是可忍，孰不可忍！他非常氣憤，可是又難以責罵這個無賴。他稍加思索，突然轉過身子，照準毛驢臉上「啪、啪」就是兩巴掌，罵道：「出門時我問你城裡有沒有朋友，你斬釘截鐵說沒有，沒有朋友為什麼人家會請你吃麵包呢？」罵完驢子後對準驢屁股又是兩鞭子，說：「看你以後還敢不敢撒謊。」說完，翻身上驢，揚長而去。

傑克遜大叔的反擊力相當強。既然你以你和驢說話的假設來侮辱我，我就姑且承認你的假設，借教訓毛驢來嘲弄你自己建立和毛驢的「朋友」關係，給這個人一頓教訓。

含蓄諷刺

對無理行為進行反擊，可直言相告，但有時不宜鋒芒畢露，露則太剛，剛則易折。有時，旁敲側擊、綿裡藏針反而更見力量，它使對方無辯子可抓，只能自己種的苦果往自己肚裡吞，在心中暗暗叫苦，就像蘇格蘭詩人伯恩斯那樣。

有一天，伯恩斯在泰晤士河畔見到一個富翁被人從河裡救起，富翁給了那個冒著生命危險救他的人一塊錢作為報酬。圍觀的路人都為這種無恥行徑所激怒，要把富翁再投到河裡去。伯恩斯上前阻止道：「放了他吧，他很了解自己生命的價值。」

巧妙借用

對無理的冒犯進行語言反擊，是正義的語言與無理的語言的對抗。所以，反擊的語言一定要與對方的語言表現出某種關聯，正是在這種關聯中，才會充分表現出自己的機智與力量。要做到雙方語言的巧妙關聯方法有二。

第一，順其言，反其意。這種方法的效果在於使人感到那個無理的人是引火焚身，搬起石頭砸自己的腳。例如德國大詩人海涅因為是個猶太人，常遭到一些無恥之徒的攻擊。在一個晚會上，一個人對他說：「我發現了一個小島，這個小島上竟然沒有猶太人和驢了！」海涅白了他一眼，不動聲色說：「看來，只有你我一起去那個島上，才會彌補這個缺陷。」

「驢子」在當地語言中，常常是「傻瓜，笨蛋」的代名詞，面對是猶太人的海涅，將「猶太人與驢」的並稱，無疑是侮辱人。可海涅沒有對他大罵，甚至對這種說法也沒有表示異議，相反，他把這種並稱換上「你我」，這樣就一下子把「你」與「驢」相等了。

第二，結構相仿，意義相對。這種方法是在雙方語言的相仿與相對中，表現出極其鮮明的對抗性。如丹麥著名童話作家安徒生一生簡樸，常常戴頂破舊的帽子在街上行走。有個不懷好意的人嘲笑道：「腦袋上面的那個玩意是個什麼東西，能算是頂帽子嗎？」安徒生回敬道：「你帽子下面那玩意是個什麼東西，能算是個腦袋嗎？」安徒生的話語和對方的話語結構、語詞都相仿，只是幾個關鍵字的位置顛倒了一下，顯得對立色彩格外鮮明。

第三，佯裝進入，大智若愚。即假裝沒識破對方的圈套，照直鑽進去。這種方法的效果是顯出自己完全不在乎對方的那種小伎倆。

例如：一個嫉妒的人寫了一封諷刺信給美國著名作家海明威，信上說：「我知道你現在是一字千金，現在附上一美元，請你寄個樣品來看看。」海明威收下錢，回答一個字——「謝！」海明威完全識破對方的刁難、侮辱人的行為，但他根本不將此放在眼裡，他就照他人的刁難要求辦，結果也真搞得那人反而難下臺。

類比是有力的武器

在一家餐廳的包廂裡，一群人正在圍桌吃飯。其中，一個文學青年喋喋不休談起了最近很火紅的一部小說。商人說：「那部小說不怎麼樣。」

文學青年說：「你沒有從事過文學理論學習與創作實踐，是不懂得鑑賞文學作品的。」

「豈有此理，」商人指著眼前的一盤炒雞蛋，反駁道，「我這一輩子也沒有學習過下蛋理論，也沒有進行過下蛋實踐，可這並不妨礙我對這盤炒雞蛋的口味作出評判。」

文學青年頓時熄火。

一個貌似要花費很多口舌才能說清楚的道理，在脫口秀高手口裡，用類比這個簡單實用的武器一下子就把道理說得清清楚楚。所以，自古以來，歷代口才大師都喜歡用類比。翻開老莊的言論，閱讀《戰國策》中那些縱橫家的高論，類比的運用隨處可見。類比能夠化繁為簡，透過對方所熟悉的事物來說明對方所不熟悉的事物，或透過簡單的道理來說明複雜的事物。用類比來說明問題特殊形象，深受大家歡迎。

三國時，在劉備統治蜀漢，將酒列為官府專賣，不准民間私釀。有一天，劉備出來巡視，發現有戶人家裡有釀酒的器具，便下令把那家人抓起來。在旁跟隨的簡雍便問劉備為何抓人？劉備說：「他們有酒具，必有私釀，自然該抓。」簡雍也不多說，只是叫士兵把路邊一個人抓過來，說這人有罪。

劉備驚問：「他有何罪？」

簡雍回答：「他犯有淫罪。」

劉備追問：「怎麼說他犯淫罪，可有證據？」

「有，他有淫具，必有淫罪，自然該抓。」

劉備聽了，哈哈一笑，當即把家有酒具的人全放了。

簡雍根本就沒有談酒具與私釀之間的區別，這個問題仔細談論，一時還難以辯清。他順勢提出一個類比，就將道理說得清清楚楚。

用類比來說事明理，既是一種技巧與方法，更是一種智慧，常常能收到意想不到的效果。

諸葛恪是諸葛亮的侄子，其聰明機智相當有諸葛世家的風範。有一次，諸葛恪給孫權獻了一匹良馬，先把馬的耳朵穿了洞。范慎見了，嘲弄諸葛恪道：「馬雖然是一個牲畜，但也稟氣於天，現在你將牠的耳朵弄了一個洞使牠殘缺，真是太不仁慈了！」

諸葛恪回答：「做母親的對於自己的女兒，真是恩愛至深的，她不僅穿了女兒的耳朵，還給她掛上珠鏈，難道就不仁慈了？」

諸葛恪將自己在馬耳上穿孔和母親給女兒戴耳環耳墜類比，從母親的舉動沒有缺乏仁慈，來說明自己在馬耳穿洞上也沒有缺乏仁慈。

人和馬本來就不是同類。母親給女兒穿耳帶環，和人在馬耳上打洞也相去甚遠。但都是在耳朵上打洞，這一點是一樣的。難怪范慎當時聽了之後，一句話也說不出來。

看看王熙鳳怎麼說話

我們前面說過，在社交脫口秀中，隨機應變、見什麼人說什麼話是一項必需的本領。在這一節中，我們不妨來看看一個擅長說話的高手——王熙鳳，她的巧嘴是處處遊刃有餘的。

《紅樓夢》裡的王熙鳳，可謂「見人說人話、見鬼說鬼話」的高手。作為榮國府的總管，王熙鳳在與寧府內外各類人等打交道，無論對下，還是對上，她都能應對自如，做到分寸得宜，不卑不亢。

《紅樓夢》第五十四回《元宵夜宴》中記載著這樣一段：

賈母說：「襲人怎麼沒有和寶玉一起來？」

王夫人忙起身笑著回答道：「她媽媽前幾天去世了，襲人須守孝，出席這種場合有些不合時宜。」

賈母聽了點頭，不以為然說道：「既然跟了主子，就沒有了個人的自由，一切行為都要以主子的意識為轉移，倘若她還跟著我，難道就可以不在這裡了嗎？現在我們這裡的人手充足，有人可以支配，就不追究這些了，但絕不能讓它成了規矩。」

王熙鳳見狀忙笑著說：「即使襲人不用守孝，園子裡也不能缺少她啊，那燈花爆竹的很是危險。這裡一唱戲，園子裡的人都會偷偷過去瞧瞧，襲人心細，讓她在外面照看照看，我們也放心，更何況這戲場一散，其他下人又不經心，等寶玉兄弟回去後，鋪蓋也是冷的，茶水也不齊備，各類都不便宜．所以我叫她不用來了，只照看屋子，給寶玉兄弟把茶水、鋪蓋準備齊全就是了。這樣一來，我們這裡也不擔心，又可以滿足她守孝的願望，這不是一舉三得嗎？老祖宗要叫她，我馬上差人叫她來就是了。」

賈母聽了這話，忙說：「你說得很在理，比我想得要周到，快別叫她了。

她媽媽是什麼時候沒的，我怎麼不知道？」

王熙鳳笑道：「前兩天襲人還親自向老太太彙報呢！您怎麼給忘了。」賈母想了一想，笑說：「想起來了。我的記性不比往常了。」

眾人都笑說：「老太太怎麼能記得這些小事啊！」

就這樣，一場風波被王熙鳳的巧嘴給平息了。

賈母本有責怪的意思，顯然有些不高興。經王熙鳳那麼一說，便心通氣順了。

以下同樣是《紅樓夢》裡的經典片段，記錄了王熙鳳與劉姥姥之間的對話：

劉姥姥來拜見王熙鳳，並給王熙鳳跪地請安。

王熙鳳說：「周姐姐，趕快把她攙起來吧，別拜了，快請坐。我還年輕，不太認得，也不知您是什麼輩分，所以不敢妄加稱呼。」

周瑞家裡的忙回道：「這就是我上次提到的那個姥姥。」王熙鳳點點頭。此時，劉姥姥已在炕沿上坐下了。

王熙鳳笑道：「這親戚們不經常走動，都顯得生分了。知道的呢，說你們嫌棄我們，不肯常來坐坐；可不知道的還以為我們位高權重後，就看不起那些窮親戚了，當我們眼裡沒人似的呢。」

劉姥姥忙說道：「我們家條件不好，走不起啊，來了這裡也沒能給姑奶奶帶點禮品，就是管家爺們看了也不太像樣。」

王熙鳳笑道：「這話說得叫人噁心。不過祖父虛名，做了個窮官兒，誰家有什麼了不起的，只不過是個空架子而已。俗話說：朝廷還有三門子窮親戚呢，何況是你我。」

劉姥姥說：「其實也沒什麼，只不過是來看看姑太太，姑奶奶們，這也是出於親戚情分。」

周瑞家的說：「沒什麼想說的就算了，如果有，儘管和二奶奶說，這和跟太太說是一樣的。」一面說，一面給劉姥姥遞了個眼色。

劉姥姥領會後，還沒說話臉先紅了起來，欲言又止，可是，今天來，確實有事相求，只得忍恥說道：「論理，今天第一次見姑奶奶，本不應該說，可是我從大老遠的地方趕來，也只能說了。」

又說道：「今日我帶著你侄兒一同前來，不為別人，只因為他爹娘在家連吃的都沒有了。如今天又冷了起來，越想越沒個派頭兒，只好帶著你侄兒奔了你老來了。」

其實，王熙鳳早就知道了她們的來意，聽她不會說話，笑著道：「不必說了，我知道了。」

王熙鳳笑道：「您老先請坐下，聽我跟您老說。方才的意思，我已知道了。其實，親戚之間原該不等上門來就應有所照應才對。但如今家事比較繁雜，太太年紀一天比一天大了，一時想不到的地方也是在所難免的。況且近來我接管一些事情，根本不知道還有這些親戚們，別看外頭看著轟轟烈烈、風風光光的，殊不知大有大的艱難處啊！說了別人也未必信。如今您老大老遠來了，又是第一次向我開口，怎好叫您空手而回去呢。正好，昨天太太給我的丫頭們幾件衣裳和二十兩銀子，我還沒動呢，您如果不嫌少，就先拿去吧。」

劉姥姥見給她二十兩銀子，渾身發癢起來，說道：「噯，我也知道艱難的。但俗語說：『瘦死的駱駝比馬大』，您老拔根汗毛比我們的腰還粗呢！」

周瑞家的見她說的話很粗，便向她使了個眼色以示住口。王熙鳳笑而不睬，命平兒把昨兒那包銀子拿來，再拿一吊錢，送到劉姥姥的跟前，說：「這是二十兩銀子，先給這孩子做件冬衣吧。若不收，就是我的不是了。這錢雇車坐吧。改日有時間只管來逛逛，大家本就是親戚嘛。天也晚了，我就不留你們了，到家裡該問好的問個好兒。」一面說，一面就站了起來。

王熙鳳與劉姥姥的對話，顯然與賈母的有所不同，她對賈母說話可謂是投其所好，以下對上。而她與劉姥姥說話，卻是以上對下，雖然如此，但也說得非常有水準，她知道自己是小輩，但自己的身分、地位都比較高，可她仍然謙辭有禮，還頗講人情大談親戚關係，這些言語，這樣的接待，明顯是請示過王夫人的，因此，她的言語應該屬於那種既不過分熱乎，也不過於冷漠；既不丟面子，又不辱身分、過分炫耀，由此看來，王熙鳳做得還是十分得體的。不過王熙鳳在與劉姥姥談話過程中，骨子裡的那種高高在上和矜持，還是不經意流露出來了。

王熙鳳對賈母說話的態度、用語，與對劉姥姥說話時的態度、言語，有明顯的差別，雖然她說得很婉轉，但對下說話時，仍把她高高在上的氣勢表現出來了。這就是見什麼人說什麼話的最好例子。

會說話的人，從來不會用高高在上的方式說話，他們說話會深入淺出、言簡意賅。

聰明的人，說話不直接說明；但有的人，話說了和沒說一樣，而有的人，沒說比說了還厲害。有的人，說的話聽起來是壞話，可壞話裡邊卻表現出他的菩薩心腸；有的人，說的話聽起來是好話，當把它寫在紙上時，看起來全是褒義詞，可是，字裡行間藏的卻是雷霆萬鈞。會說話的人，與不會說話的人說同樣的話，就會產生不同的效果。

見什麼人說什麼話，表面上有虛偽之嫌，但實際上，卻是與人交往的一種手段，只有做到見什麼人說什麼話，才能在社交場合上遊刃有餘。

言辭失誤巧妙化解

寫錯的字可以塗改，說錯的話卻如飛出去的箭無法回頭，因此，在社交場合，尤其要小心那些脫口而出的失當的話。但世上沒有打仗的常勝將軍，說話亦如此，即使是在競選中脫穎而出的美國前總統福特（Gerald Ford），也說過「中國主要住著中國人」之類的廢話，其他的人就更不用說了。下面我們將重點談談在言語失當之後，如何巧妙化解與挽救。

及時改口

歷史上和現實中，許多能說會道的名人在失言時仍死守自己的城堡，因而慘敗的情形不乏其例，比如西元一九七六年十月六日，在美國福特總統和卡特共同參加的、為總統選舉而舉辦的第二場辯論會上，福特對《紐約日報》記者馬克斯・弗郎肯關於波蘭問題的質問，作了「波蘭並未受蘇聯控制」的回答，並說「蘇聯強權控制東歐的事實並不存在」。這一發言在辯論會上屬明顯的失誤，當時立即遭到記者反駁。但反駁之初，弗朗肯的語氣還比較委婉，意圖給福特以更正的機會。他說：「問這一件事我覺得不好意思，但是您的意思在肯定蘇聯沒有把東歐化為其附庸國？也就是說，蘇聯沒有憑軍事力量壓制東歐各國？」

福特如果當時明智，就應該承認自己失言並偃旗息鼓，然而他覺得身為一國總統，面對著全國的電視觀眾認輸，絕非善策，於是繼續堅持，一錯再錯，最後為那次即將到手的當選付出了沉重的代價。刊登這次電視辯論會的所有專欄、社論都紛紛對福特的失策作了報導，他們驚問：

「他是真正的傻瓜呢？還是像只驢子一樣的頑固不化？」

卡特也乘機把這個問題再三提出，鬧得天翻地覆。

高明的說話高手在被對方擊中要害時絕不強詞奪理，他們或點頭微笑，或輕輕鼓掌。如此一來，觀眾或聽眾弄不清他葫蘆裡藏的什麼藥。有的從某方面理解，認為這是他們服從真理的良好風範；有的從另一方面理解，又以為這是他們不屑辯解的豁達胸懷，而究竟他們認輸與否尚是個未知的謎。這樣的辯論家即使要說也能說得很巧，他們會向對方笑道：「你講得好極了！」

相比之下，美國總統雷根訪問巴西，由於旅途疲乏，年歲又大，在歡迎宴會上，他脫口說道：

「女士們，先生們！今天，我為能訪問玻利維亞而感到非常高興。」

有人低聲提醒他說溜了嘴，雷根忙改口道：

「很抱歉，我們不久前訪問過玻利維亞。」

儘管他並未去玻利維亞。當那些不明就理的人還來不及反應時，他的口誤已經淹沒在後來的滔滔大論之中了。這種將說錯的地點時間加以掩飾的方法，在一定程度上避免了當面丟醜，不失為補救的有效手段。只是，這裡需要的是發現及時、改口巧妙的語言技巧，否則要想化解難堪也是困難的。

在實踐中，遇到這種情況下，有三個補救辦法可供參考。

・**移植法**：就是把錯話移植到他人頭上。如說：「這是某些人的觀點，我認為正確的說法應該是……」這就把自己已出口的某句錯誤糾正過來了。對方雖有某種感覺，但是無法認定是你說錯了。

・**引申法**：迅速將錯誤言詞引開，避免在錯中糾纏。就是接著那句話之後說：「然而正確說法應是……」或者說：「我剛才那句話還應作如下補充……」，這樣就可將錯話抹掉。

・**改意法**：巧改錯誤的意義。當意識到自己講了錯話時，乾脆重複肯定，將錯就錯，然後巧妙改變錯話的含義，將明顯的錯誤變成正確的說法。

顧左右而言他

某校某班在一次考試中，數學和外語成績突出，名列前茅。校長在評功總結會上這樣說：

「數學考得好，是老師教得好，外語考得好，是學生基礎好。」

在座老師聽罷沸沸揚揚，都認為校長的說法有失公正。李老師起身反駁：

「同一個班，師生條件基本相同。相同的條件產生了相同的結果，原是很自然的事，不公平的對待，實在令人費解。原有的基礎與而後的提高有相互連繫，不能設想學生某一學科基礎差而能提高得快，也不能設想學生某一學科基礎好而不需要良好的教學就能提高。校長對待教師的勞動不一視同仁將不利於團結，不能調動廣大教師的積極性。」

會場有人輕輕鼓掌，然後是一陣靜默。而靜默似乎比掌聲對校長更有壓力的挑戰意味。校長沒有惱怒，反而「嘿嘿」笑起來，他說：

「大家都看到了吧，李老師能言善辯，真是好口才。很好，很好！言者無罪，言者無罪。」

儘管別人猜不透校長說這話的真實意思，然而卻不得不佩服他的應變能力：他為自己鋪了臺階，而且下得又快又好。聽了上述回答後，無人再就此問題對校長追蹤攻擊。

要撤退，就不宜做任何辯解，辯解無異於作繭自縛，結果無法擺脫。

巧妙轉換話題

錯話一經出口，在簡單的致歉之後立即轉移話題，有意借著錯處加以發揮，以幽默風趣、機智靈活的話語改變現場上的氣氛，使聽者隨之進入新的情境中去。

曾有一個新畢業的大學生去某合資公司求職，一位負責接待的先生遞過來名片。大學生神情緊張，匆匆一瞥，脫口說道：「滕野先生，您身為日本人，拋家別舍，來華創業，令人佩服。」那人微微一笑：「我姓滕，名野七，道地的中國人。」大學生面紅耳赤，無地自容，片刻後，神志清醒，誠懇說道：「對不起，您的名字使我想起了魯迅先生的日本老師——藤野先生。他教給魯迅許多為人治學的道理，讓魯迅受益終生。希望滕先生日後也能時常指教我。」滕先生面帶驚奇，點頭微笑，最終錄用了他。

將錯就錯

這種方法就是在錯話出口之後，能巧妙將錯話續接下去，最後達到糾錯的目的。其高妙之處在於，能夠不動聲色改變說話時的情境，使聽者不由自主轉移原先的思路，不自覺順著我之思維而思維，隨著我之話語而調動情感。

紀曉嵐稱皇上為「老頭子」，不巧被皇上聽到，龍顏大怒。紀曉嵐急中生智，說：「皇上萬歲，謂之『老』；貴為至尊，謂之『頭』；上天之子，謂之『子』。」皇上聽了，轉怒為喜。

紀曉嵐的將錯就錯令人叫絕。錯話出口，索性順著錯處接下去，反倒巧妙改換了語境，使原本輕慢的失語化作了尊敬的稱呼，相當有些點石成金之妙。

借題發揮

素有「東北虎」之稱的張作霖雖然出身草莽，卻粗中有細，常常急中生智，突施奇招，使本來糟透了的事態轉敗為勝。

有一次，張作霖出席名流集會。席上不乏文人墨客和附庸風雅之人，而張作霖則正襟危坐，很少說話。席間，有幾位日本浪人突然聲稱：「久聞張大帥文武雙全，請即席賞幅字畫。」張作霖明知這是故意刁難，但在大庭廣眾之下，「盛情」難卻，就滿口應允，吩咐筆墨侍候。這時，席上的目光全都集中在張作霖身上，幾個日本浪人更是掩飾不住譏諷的笑容。只見張作霖瀟灑踱到桌案前，在滿幅宣紙上，大筆揮寫了一個「虎」字，左右端詳了一下，倒也勻稱，然後得意落款「張作霖手黑」，躊躇滿志擲筆而起。

那幾個日本浪人面對題字，一時丈二和尚不著頭腦，不由得面面相覷。其他在場的人也是莫名其妙，不知何意。

還是機敏的隨會議祕書一眼發現出了紕漏，「手墨」（親手書寫的文字）怎麼成了「手黑」？他連忙貼近張作霖身邊低語：「大帥，您寫的『墨』字下少了個『土』，『手墨』寫成了『手黑』。」張作霖一瞧，不由得一愣，怎麼把「墨」寫成了「黑」啦？

如果當眾更正，豈不大煞風景？還要留下笑柄。這時全場一片寂靜。

只見張作霖眉梢一動，計上心來，他故意大聲呵斥祕書道：「我還不曉得『墨』字下面有個『土』？因為這是日本人索取的東西，不能帶土，這叫寸土不讓！」語音剛落，立即贏得滿堂喝彩。

那幾個日本浪人這才領悟出意思來，越想越覺得沒趣，又不便發作，只能悻悻退場。

第四章　如何打動人心

這個世界最難征服的不是山峰是人心。如果你學會了用情感去征服人心，你的口才將更上一層樓。但要如何才能征服人心呢？

古人：「感人心者莫先乎情。」又云：「情不深，則無以驚心動魄。」再硬的漢子，在真情面前也要被軟化。因此，在與人溝通中，除了要善於使用能闡明觀點的話語外，還要懂得以情動人，多使用具有情感交流作用的詞語來舒緩氣氛、溝通心靈、理順情緒。

有兩位退休是多年的同事加鄰居，因為各自不懂事的小孫子打架而造成了隔閡，互不說話、形同陌路。其中一位多次上門想化解，但總是沒有取得什麼效果。這次他又上門了，對不肯和好的老人說：

「我今年六十二歲了，你比我大三歲，六十五了吧。記得我們那一批青工剛進廠時，二十出頭，多年輕！我們一起打籃球，摸魚，有一次去鄉下偷新鮮的包穀，被農民一陣猛追，我爬不上那個山坎，幸虧你在上面給我搭了一把手，要不就被逮住，說不定要挨揍呢。現在，當年的那幫調皮青工，有幾個都不在人世了，唉……我們也是半截身子入黃土了，還有多少年活呢？想一想，為了小孩們的那點小事生氣，真不值得呀。難道我們還要把這些不好的東西帶到墳墓裡去嗎？」

這番話，完全拋開誰對誰錯的糾纏，直接將矛頭對準人的情感。有道是「通情達理」，情一通，理就自然達了。上面那位老人的話，讓鐵石心腸的人聽了都找不到拒絕的理由。

大概情至之語，自能感人。——袁宏道

與人善言，暖於布帛；傷人之言，深於矛戟。——荀子

言語須是含蓄而有餘意。——程頤

不能用溫和語言征服的人，用嚴肅的語言更不能征服。——契訶夫【俄國】

推心置腹的談話就是心靈的展示。——溫．卡維林【蘇聯】

多說些尊重對方的話

每個人都希望得到尊重，一句尊重性的語言，往往能給人帶來意想不到的結果。所以，無論與陌生人還是熟人交談，多說些尊重性的話，不但沒有任何壞處，而且可以增進談話對方的感情。

俄國著名作家屠格涅夫曾經遇到這樣一件事：一天，他在街上散步，迎面走來一個乞丐。他伸手在口袋裡翻找了好一會，說：「對不起，兄弟，我沒有任何食物，就連錢袋都忘在家裡。」不料，乞丐熱淚盈眶握住屠格涅夫的手，感動說道：「謝謝您，謝謝您！」屠格涅夫非常驚訝問道：「我沒有什麼能送給你，為什麼要感謝我呢？」乞丐答道：「因為你叫了我一聲兄弟，我原本想填飽肚子以後就去自殺，因為生活給我帶來了

太多的痛苦。沒想到，是你給了我生活下去的勇氣，所以我要謝謝你！」

一聲尋常的「兄弟」語，竟然從死神手中挽救了一個近乎絕望的人，難道從屠格涅夫嘴裡說出的話，真有這麼大的力量嗎？當然不是，因為這句「兄弟」，向乞丐傳達了一種尊重，換成任何人說出尊重他人的話，都會起到良好的效果。

尊重，還是一種奇妙的動力，它是一股征服人心的強勁力量。

某校要評選高級職稱，由於名額有限，一位年齡較大的教師落選了。因為評選工作是保密的，在結果尚未公布前，任何人都不知道最終結果。於是，這位老教師準備向評選負責人打聽消息。該負責人考慮到思想工作遲早要做，於是決定與這位老教師好好聊聊。

負責人：喲！老王，您怎麼有空到我這來了？

老王：這不，還不是為了評選職稱的事，我想知道這次我有希望嗎？

負責人：哦，來來來，先坐下喝杯茶、抽支菸，然後我們再慢慢聊。怎麼樣，最近工作還順利嗎？身體還好嗎？

老王：一切還可以。

負責人：老教師可是我們學校的寶貴財富，那些年輕教師經驗淺、心態浮躁，還要靠你們幫忙提攜啊！

老王：身為一名老教師，我會盡力的。這次評選不知道能不能……

負責人：不管評選結果如何，像您這樣教學經驗豐富、教學得法的老教師，都會得到全校師生的尊敬，這一點，比得到一個頭銜更重要、更有意義，您說是不是？

老王：是啊！

負責人：這次評選活動，是我們學校第一次試行的，由於僧多粥少，名額有限，許多教師都可能不能如願，要等到下一次。不過，這只是時間問題，相信大家一定能夠諒解。但不管怎樣，評選活動的全部過程，我們都會予以保密，無論是被選上的，還是落選的，我們都不公布，尤其是對於你們這些辛辛苦苦工作幾十年的老教師，我們更會妥善處理。

老王明白了負責人的意思，雖然職稱沒有被評上，可老王心裡熱乎乎的。儘管沒有得到高級職稱的頭銜，可是卻得到了別人的尊重與肯定，驗證了自己在師生心目中的地位，也體現了自己的價值。在臨走前，老王對評選負責人說：「只要能得到一個公正的評價，即使沒評上，我也不會有情緒，我會盡力工作的。」

人是群居類高級動物，離開了人群，人將無法生存。人生活在社會這個大家庭裡，無論社會地位有多高、職務有多重要、成就有多大，都會在乎外界對自己的評價，並根據外界評價的性質、強度、形式做出相應的反應。通常情況下，反應的表現是：尊之則悅，不尊則哀。也就是說：當得到別人的尊重與肯定時，人的自尊心會得到滿足，自然而然產生一種驕傲的情緒，在為人處世上則表現得積極樂觀、待人和善；反之，當得不到別人的尊敬，或受到不公正的指責時，極易使人產生消極情緒，做起事來可能會畏首畏尾、馬馬虎虎。

在社會場合中，無論是行為舉止還是言語，都應以尊重他人為原則，不要用激烈的語言揭人隱私、過錯、缺陷，以免傷害他人自尊心。與人說笑時，更不可拿別人尋開心。這無異於把自己的快樂建立在他人的痛苦之上，這種做法是不道德的，不但會傷害人，還會影響自己的人際關係。

讓人情味直抵對方心房

人情味是什麼?要準確定義還真不是一件容易的事情。抽象說道:人情味是人類情感互動的一種表現,引起他人的情感上共鳴,或使他人感到溫暖。人情味有一種說不出的滋味,是一種意味深長,耐人尋味的情感。

俗話說:「人非草木,焉能無情?」人情味是一種複雜的混合味道,是以真誠為基礎的,不僅僅是博愛更是關懷,不僅僅是表面的禮貌更是內心的尊重。人情味是一種克己諒人,是一種淡淡的味道,聞了沁人心脾。一個沒有人情味的人,如同草木般獨自枯榮一世。

美國前總統布希在西元一九八八年與對手杜卡基斯對壘競選總統時,之所以能戰勝強敵,這在很大程度上因為他在電視辯論中的演說比他的對手更富有人情味。西元一九八八年十月二十四日在電視上,他們兩人進行最後的公開辯論。在這難解難分的最後時刻,在公眾面前誰的形象塑造得好,誰就能贏得更多選票。所以布希和杜卡基斯都對這次公開辯論異常重視,不敢掉以輕心。

當記者問「你是如何對付曾經刻骨銘心的困難」時,杜卡基斯這樣回答:「西元一九七八年，我在競選麻省民主黨州長候選人時落選，我感到十分痛苦。我知道，是我自己造成這次選舉的失敗。我沒有去責備別人。然而，沒有痛苦就沒有前途，我從中悟出了不少道理——雖然失敗了，但失敗卻豐富了我的人生。有幸的是我有一個非常幸福的家庭，我想假如你也有同樣痛苦的時刻，那麼你的家庭將會給你最強有力的全力支持。」

對同一個問題，布希是這樣回答：「我的孩子的死是我迄今生活中最痛苦的時刻。有一天，醫生對我們說：『你們的孩子得了白血病。』我問他，這是什麼意思。醫生告訴我們：『這意味著她就要死了。你們必須決定，如何對她進行治療。或者讓她聽憑自然走完這個過程——這樣的話，她大約能活三個星期。』假如我們決定，不給她任何醫治聽憑其死去，那麼我們會感到極大的痛苦。然而醫治她，卻要使這個幼小的孩子承受各種痛苦，我們實在於心不忍。但是，在我那堅強的妻子的幫助下，在溫暖和諧的家庭支持下，我增強了信念，好好處理了這件事。我的女兒又活了六個月。當然，要是在今天，她可能多活好幾年。」

兩相比較，杜卡基斯的話顯然令人乏味，而布希則在政治辯論中跳出來大談生活，極富人情味。布希雖然說的是一件傷心的事，但由於話語中含有人人——廣泛處於社會各個階層各個角落的父母子女都能體會到的濃烈的親情，就像加過糖的咖啡一樣，儘管底味有點苦，卻恰到好處托出了糖味的甘甜。布希的話成功讓選民覺得他是個可敬可親的富有人情味的人，與杜卡基斯相比，他是總統更為合適的人選。正由於布希這段極富人情味的話贏得了不少善良選民的心，使本來與布希不相上下的杜卡基斯的形象在選民中急轉直下，最後滿懷遺憾落選。由此可見，人情味在社會語言中很重要。人的感情總是可以相通的，只要不是故作多情，無病呻吟，在社交場合與人交談時，我們就要恰如其分使自己的話帶有人情味，讓人覺得你的話像加過糖似的，親切、甜美而又切實可信。

我們只要步入社交場合，就得不斷提醒自己：在整個交談的過程中，都應帶有濃濃的人情味。有句俗話，叫「良言一句三冬暖」。古代大思想家荀子也說過：「與人善言」，正是我們提倡的話語中所要講求的人情味的真諦。

在擁擠的火車上，一位疲憊不堪的婦女，帶著一個四五歲的孩子站了很久，也沒有人讓座。孩子指著坐在旁邊的一個年輕人對媽媽說：「媽媽，我累了，你跟這位叔叔說說，讓我坐一下子吧。」媽媽輕聲對孩子說：「媽媽知道你是一個非常懂事的好孩子，叔叔也很辛苦，也很累，再堅持一下子吧。」一番話說得年輕人再也坐不住了，站起來說：「小朋友，你來坐吧，叔叔不累。」這樣，年輕人主動讓了座。

媽媽的話為什麼有如此巨大的感染力？原因就在於她的話語能夠克己諒人，充滿了對別人旅途艱辛苦累的深深理解，有一種濃厚的人情味。話不多，情卻濃。其所取得的實際效果是很明顯的。

在社交中，人情味常以其產生的巨大征服力和凝聚力而備受青睞，給咖啡加點糖，給我們的談話加點人情味，這樣的語言將深得人心，何樂而不為呢！

引起對方心理的共鳴

人與人之間交流，很難在一開始就產生共鳴，往往必須先引發對方與你交談的興趣，經過一番深刻的對話，才能讓彼此更加了解。

當一個人嘗試說服他人、對另一個人有所求的時候，這樣的論點也同樣適用。最好先避開對方的忌諱，從對方感興趣的話題談起，不要太早暴露自己的意圖，讓對方一步步贊同你的想法。當對方跟著你走完一段路程時，便會不自覺認同你的觀點。這個說服的方法叫「心理共鳴」法。

伽利略年輕時就立下雄心壯志，要在科學研究方面有所成就，他希望得到父親對他事業的支援和幫助。

一天，他對父親說：「父親，我想問您一件事，是什麼促成了您與母親的婚事？」

「我看上她了。」

伽利略又問：「那時您有沒有想過找過別的女人？」

「沒有，孩子。家裡的人要我找一位富有的女士，可我只鍾情你的母親，她從前可是一位風姿綽約的女子。」

伽利略說：「您說得一點也沒錯，她現在依然風韻猶存，您不曾想過娶別的女人，因為您愛的是她。您知道，我現在也面臨著同樣的處境。除了科學以外，我不可能選擇別的職業，因為我喜愛的正是科學。別的事情對我毫無用途也毫無吸引力！難道要我去追求財富、追求榮譽？科學是我唯一的需要，我對它的愛有如對一位美貌女子的傾慕。」

父親說：「像傾慕女子那樣？你怎麼會這樣說呢？」

伽利略說：「一點也沒錯，親愛的父親，我已經十八歲了，別的學生，哪怕是最窮的學生，都已想到自己的婚事，可是我從沒想過那方面的事。我不曾與人相愛，我想今後也不會。別的人都想尋求一位標緻的女子作為終身伴侶，而我只願與科學為伴。」

父親始終沒有說話，仔細聽著。

伽利略繼續說：「親愛的父親，為什麼您不能支持我實現自己的願望呢？我一定會成為一位傑出的學者，獲得教授身分。我能夠以此為生，而且比別人生活得更好。」

父親為難說道：「但我沒有錢供你上學。」

「父親，您聽我說，很多窮學生都可以領取獎學金，我為什麼不能去領一份獎學金呢？您在佛羅倫斯有那麼多朋友，您和他們的交情都不錯，他們一定會盡力幫助您的。」

父親被說動了：「嘿，你說得有理，這是個好主意。」

伽利略抓住父親的手，激動說道：「我求求您，父親，求您想個法子，盡力而為。我向您表示感激之情的唯一方式，就是……就是保證刻苦鑽研，成為一個偉大的科學家……」

伽利略在與父親的交涉中取得和圓滿的結果，這為他日後成為一位聞名遐邇的科學家打下了一個基礎。

伽利略在與父親的交涉中採用的就是「心理共鳴」的說服方法。這種說服法一般可分為以下四個階段：

・**導入階段**：先顧左右而言他，引起對方的共鳴或興趣。伽利略先請父親回憶和母親戀愛時的情況，引起了父親的興趣。

・**轉接階段**：逐漸轉移話題，引入正題。伽利略巧妙透過這句話把話題轉到自己身上：「我現在也面臨著同樣的處境……」

・**正題階段**：提出自己的建議和想法。伽利略提出：「我只願與科學為伴」，這正是他要說服父親的論點。

・**結束階段**：明確向對方提出要求，達到說服的目的。為了使對方容易接受，還可以指出對方這樣做的好處。伽利略正是這樣做的。他說：「……為什麼您不能幫助我實現自己的願望呢？我一定會成為一位傑出的學者，獲得教授身分。我能夠以此為生，而且比別人生活得更好。」

生動的語言富有感染力

作家李准曾經這樣說過：「沒有幾下子，很難當個作家！我的看家本事是，三句話叫人落淚，三分鐘過戲，把讀者的心放在我手心裡揉，叫他噙著眼淚還得笑。」

提到著名表演藝術家常香玉時，許多人不由得豎起大拇指。在她舞臺生涯五十週年慶祝大會上，文藝界的許多大人物都來向她道賀。電影導演謝添拉住李准說：「李准，我想當眾試試你！你自稱三句話就能叫人落淚，三分鐘過戲，不知你能不能讓常香玉哭一場，如果可以，我對你就心服口服了。」

李准皺皺眉，面帶難色對常香玉說：「香玉，今天是你的大喜日子，可是他偏偏讓你哭，這不是難為人嗎？」

常香玉說：「你今天若真能讓我哭，算你真有本事！」

李准傷感說道：「香玉，我們能有今天，實在是太不容易啦，嚴格說，你可算得上是我的救命恩人！我十多歲那年，家鄉鬧饑荒，大家都逃到了西安，就在人們快要餓死的時候，忽然有人喊：大唱家常香玉放飯了，河南人都去吃吧！大家都一窩蜂似的湧了過去。我捧著粥，淚往心裡流。我那時就想，如果以後能見到這位救命恩人，我將當場給她叩個頭！沒想到我們的見面方式竟是如此讓你『坐飛機』。而我就站在旁邊，心裡特別不是滋味，我多想大喊一聲，你們放了她獨特。『文化大革命』中，你被遊街示眾，他們吧，她是好人，是俺的救命恩人啊，讓我替她遊街吧……」

說到這，常香玉已經淚流滿面了，對李准說：「老李，別再說了。」說罷掩面痛哭起來。大廳裡的人們，都沉浸在悲傷的往事中，大家聽著李准的故事，為常香玉的遭遇而難過，早已忘記了李准與謝添的打賭，就連謝添也輕輕吸了一下鼻子。

由此看來，李准並非虛誇自己，他針對常香玉特有的心理，再加上生動感人的語言，極力渲染了悲傷的氣氛，使人們無一不為之感動。與人交談過程中，如果有了李准這樣的本事，不就能在社交中遊刃有餘、脫口即「秀」了嗎？

那麼，究竟該怎麼樣做，才能使語言更生動呢？還須做到以下兩點：

· **多用感性的話語**：感性的話語比較容易抓住聽者的心，可以將聽覺形象轉化為視覺形象，透過視覺形象給人們留下深刻的印象。

· **理論結合實際**：沒有人喜歡聽那些枯燥的說理性的大道理，與人交談時應注意這點，最好做到將理論與實際結合在一起，這樣說服效果才更明顯，語言才能生動感人，具有魅力。

與人交往過程中，生動的語言，總能為自己的形象增添光彩。人們非常喜歡與說話生動的人交往，因為，這樣的人總可以為其他人帶來樂趣，這樣就達到了把話說到重點的目的。

用讚美的魔力點石成金

有兄弟二人，哥哥愛說「太糟了」，弟弟卻常把「太好了」掛在嘴邊。一天，爸爸趁他們出去玩的時候，故意把一大堆玩具放在了哥哥的房間裡，而把一些馬糞放在了弟弟的房間裡，猜猜看兄弟二人會有什麼反應？

結果，等他們回到自己的房間之後不久，哥哥就從房間裡跑了出來，滿臉怒氣大喊：「太糟了，今天是誰到過我的房間，把我的房間弄得這麼亂！」弟弟也飛快跑出來了，非常興奮大喊道：「太好了，爸爸，我看見我的房間裡有馬糞，今天你是不是買了一匹小馬，快讓我看看小馬！」

結果似乎有點出人意料，但又在情理之中。從這個故事看來，有時我們埋怨什麼的確不是因為人和事本身的原因，而是由我們自身對事物的看法來決定的。而故事中的兄弟二人你們喜歡誰？又願意和誰交朋友呢？想必大家的答案應該是一致的。想想，如果一個人天天埋怨不斷，怒氣衝衝，不但自己不快樂，帶給周圍人們的也是滿天烏雲，誰願意和這樣的人在一起？而如果一個人像故事中的弟弟那樣，對看到的一切都覺得有可讚美可為之開心的地方，那麼他自己和周圍的人都會輕鬆無比。

所以，我們要改變自己看事物的眼光，努力找到事物正向的一面，肯定它，讚美它。讚美具有能改變惡劣情緒，使人變得愉快的魔力。

在百老匯有一位喜劇演員，打拚了很多年，也沒有成就多大的名氣。他做夢都想成名，這樣，他的演出費就會高很多，也不必住在不寬敞的房子裡了。

有一天晚上，他做了個夢：夢見自己成名了，一個星期能掙十萬美元。在夢中，他站在一個大劇院的舞臺上，給坐滿劇院的觀眾表演喜劇。他表演得很賣力，但整個表演過程中他聽不到一絲笑聲，謝幕時全場也沒有一個人鼓掌。

「即使一個星期能賺上十萬美元，」他說，「這種生活也如同下地獄一般。」

說完後，這個演員就醒來了。

瞧瞧，沒人肯定與讚揚的演員，賺再高的演出費也如同下地獄。在人生的舞臺上，如果沒有讚揚、掌聲的鼓勵，我們的生活也會如同地獄。

威廉·詹姆斯（William James）說：「人性中最深切的稟質，是被人賞識的渴望」，林肯也說：每一個人都喜歡人家的讚美。在美國芝加哥發生過這樣一個案例：有位丈夫掐死了他的妻子，原因是他對妻子暢談白天所的得意事時，發現妻子竟然睡著了。他感到異常惱怒，竟然失手就將妻子給掐死了。這說明人對被尊重被賞識的渴望是何等強烈。

所以，我們在每天所到之處，不妨多說幾句肯定別人的話、讚美別人的話，播下一些友善的種子。看到朋友買了一件新衣，不要忽視。稱讚一下穿上去很合身、很精神、很漂亮或者很酷。也可以打聽一下價錢，「遇貨添錢」的傳統讚美手法，永遠都不會過時。

不要說別人身上沒有值得讚美的地方。世上沒有完美的好人，同樣也沒有萬惡的壞人。只要你願意，您總是能夠在別人身上找到某些值得稱道的東西，也總是可能發現某些需要指責的東西，這取決於你尋找的是什麼。一位心理學家曾成功改變一位被認為不可救藥的兒童，他的方法就是善於發現他值得讚美之處。

孩子的父親說：「這是我見過獨一無二的孩子，簡直沒有一點可愛的特質，沒有一點。」於是，心理學家開始從孩子身上尋找某些他能給予讚美的東西。結果他發現這孩子喜歡雕刻，並且工藝很巧妙，而在家裡他曾因在傢俱上雕刻而受到懲罰。心理學家便為他買來雕刻工具，還告訴他如何使用這些工具，同時讚美他：「你知道，你雕刻的東西比我所認識的任何一個兒童雕刻得都好。」不久，他又發現了這個孩子幾件值得讚美的事情。一天，這個孩子使每一個人都大吃一驚：沒有什麼人要求他，他把自己的房子清掃一新。當心理學家問他為什麼這樣做時，他說：「我想你會喜歡。」

任何事物都有兩面性，明白了這個道理，你就能從別人身上所謂的缺點找到值得讚美的閃光點——

對熱衷鬥嘴的人，可以說：「你說話很有邏輯。」

碰到喜歡囉嗦的人：「你很細心！」

面對敏感的人：「你有藝術氣質。」

對於頑固的人，你可以說：「你很好，是一個有信念的人。」

……

人人都喜歡聽「好話」。在這個物價高啟的社會，美麗的辭藻是為數不多的免費「資源」之一。你不用花錢，就可以拿讚美當禮物送給別人。而接受你禮物的人，會回饋你感激與友好。除此以外，你還將享受感激與友好帶來的一切回報。

說軟話能贏得別人的好感

每個人都有一股爭強好勝的勁頭，有一顆不甘示弱的好勝心，這使人們與別人較勁，也與自己較勁。其實，有時這種情況是一個好現象，只是注意要把它用在恰當的地方。倘若為雞尾蒜皮的小事就要跟別人爭個你死我活，不想在言語上輸給別人，這就違背了爭強好勝的真實意義。

一位老師在給學生批改作文時發現，某學生竟然在作文中公然責罵自己。憤怒的情緒頓時充滿了老師的胸間，他想找到這位同學，並嚴厲批評他一頓。但他轉念一想，如果把該學生叫到辦公室，聲色俱厲指責一番，未必會起到什麼效果，反而會引起學生的反感，還可能激發一場爭吵。於是，他找到這位同學後，說：「同學，老師知道有時候自己做得不夠好，忽略了同學們的感受，不過老師可以肯定說，這都是為了你們好。以後，老師再有什麼地方做得不好，你來告訴老師可以嗎？」該學生嚴肅、戒備的表情頓時緩和了，對老師說：「老師的做法雖然是為了學生好，但也要講究方法，我為我的行為向您道歉。」就這樣，交談氣氛一下子放鬆了許多，一場可能爆發的爭吵，就這樣被「軟話」化解得一乾二淨了。

與人交談過程中，無論是在言語上，還是行為上都不要故意表現出比別人強，這很容易激發別人的好勝心。一旦這種情況發生了，對方勢必會築起一堵心理防禦牆，對你嚴加防範，這對進一步交流，沒有任何好處。與人交談時，如果想吸引對方與你深入交談、加深友誼，最好的辦法就是給對方樹立「自己不比對方強」的觀念，讓對方產生一種優越感。這一點非常重要。

華盛頓特區有一位名演員，他是出名的花花公子，為他傾心的女性數不勝數，其中一位是這樣形容他的：「他在女孩子面前總表現出一副弱小無助的模樣，說話時很容易觸動我的『母性』本能，他經常說：『我真笨，連鞋帶都繫不好』，每當他這樣貶低自己時，我就會凡心大動，不由自主去接近他。他就是靠這種方法贏得女性的歡心的。」

好勝心人皆有之，若要廣結人緣、擴大人際關係，就應該成全別人的好勝心，即使心裡不服氣，在言語上，也不能表現出來。否則辛苦建立起來的友誼，很可能被人們那爭強好勝的心態所破壞。

生活中存在這樣一種現象：很多人都喜歡在他人面前顯貴，展示自己的「才華」，於是便喜歡上了抬杠，凡事都要與他人爭個頭破血流，非要分出個勝負，目的是讓別人知道自己的智慧有多高，顯示自己是個多麼有想法，多麼厲害的人。

這種人只要一搭上題，馬上就針鋒相對，不管別人說什麼，他們總要予以反駁。當你說「是」時，他們一定要說「否」.，當你說「否」的時候，他們又會說「是」了。總之，事事都要出風頭，時時都想顯示自己。實際上，這樣的人，並不一定是才華橫溢的人，很可能是胸無點墨、腦袋空空、沒有主見的人。

這種與人抬杠爭風的做法，並不是智者所為。凡事都想搶占上風的人，在與人抬杠時，都擺出一副不把別人逼進死胡同誓不甘休的架勢，其下場不用說大家也清楚。

這樣的人不知道有沒有想過，雖然在口頭上贏了對方，但又得到些什麼呢？只不過是贏得了一些虛榮心罷了，而付出的代價，卻是友誼的破裂與個人形象的毀滅，實在不值得。

與人交談時，那些喜歡自我表現的人，在別人眼裡，只是一個跳梁小丑，難成什麼大器，沒有人願意與這樣的人打交道。

生活中常常有些人，無理爭三分，得理不讓人，小肚雞腸。相反，有些人雖真理在握，卻不聲不響，得理也讓人三分，顯出君子風度。前者往往是生活中的不安定因素，而後者天生就具備一種吸引力，讓人們心甘情願圍繞在他的周圍。

倘若能將自己的一副好口才，用在談判、辯論場合上，也是可以的，但事實上，人們爭論的往往是一些不值一提的小事，因為這些小事，而與人逞強爭辯實在沒有意義。

為了給自己創造一個好的生活及工作環境，聰明人都善於退讓，關鍵時刻充當個「愚者」，不在他人面前，顯露自己的口才，變主動為被動，這樣一來，不但尊重了別人，還贏得了對方的好感，真可謂一舉兩得，何樂而不為？

為你的聲音注入情感

一位音樂專家彈奏鋼琴，和一位普通人彈奏鋼琴，雖然兩人彈奏著同一個調子，敲著同樣的幾個音鍵，然而，一位高超，一位平凡，這為什麼呢？因為他們兩人所用的方法、情緒、藝術和個性的不同，因而演奏出來便成了天才和凡才的不同了。兩位書法大家，他們，同臨摹一部碑帖，雖然字體相似，但是細察之下，並不完全一樣。同理，一篇同樣的演講詞，由不同的人來演講，在效果上也是有差異的。

極富個性、富於活力、充滿自信的聲音，能夠控制聽眾的思緒，從而有效傳遞資訊；而平淡無力且無個性、活力的聲音則枯燥無味，讓聽眾昏昏欲睡或幹別的事，從而不能有效傳遞資訊。因此聲音應該成為豐富你的演講、吸引你的聽眾最得力的手段，因為它能夠令平淡無奇的語言變得豐富多彩。

人的興奮、悲哀、猶豫、堅定、激昂之類的複雜情感都可以透過聲音的高低、輕重、快慢和停頓的語調變化表現出來而富有感染力。

潤飾你的聲音，與潤飾你的語言同等重要。你需要做的就是在思想上開始重視聲音，並在實踐中不斷練習以增強自己的聲音感染力。為了使你所講的話格外的生動和明顯，你講話的音調須有快慢的變更和輕重的分別。你必須注意，這是自然的表達，而不是有意做作的，有意做作，那便是失掉了自然了，讓人聽起來不舒服。

當你望著高低不平的海波和有荒涼不毛的沙漠時，你肯定不會產生同樣的感想的。唱歌為什麼好聽？因為歌有著輕重快慢的變更的緣故。講話雖然不必像唱歌一樣，然而也不能平靜得像死水，叫人聽了昏昏欲睡。所以，當你在演講的時候，如果發覺你的音調平板乏味，而且有這平板乏味的音調表達的時候，你的聲音多半是高而刺耳的。你在這時候可以立刻停止幾秒鐘，這是對你大有幫助的。因為，一個聲音，在平凡而呆板的過程中，突然中止或是突然高起來，都是給人家耳朵以特殊的刺激的。一個老師在教室中舌疲唇焦的講解，但言者諄諄，聽者藐藐，大部分的學生講話的講話、看小說的看小說。這時，如果老師突然停止了講解，那就猶如向平靜的河水中投入了一塊石頭，立刻會引起大家的注意了。

在社交過程中，對於重點的詞彙或短句，突然高聲或是低聲，或是快說或是慢說，這樣能夠給人以特別的刺激，因此也就能夠引起人特別的注意。很多著名的演講家都是這樣做的。

林肯在演講時經常很快講出許多字，到了他預備要著重點說的字句，便把聲音特別的拉長或是提高，然後再一口氣像閃電一般把那句話講完了。他常使重要的一兩個字所占的時間，比六七個次要的字所占的時間還要長。當我們把重要的字慢慢拉長了聲音講出來，這可以顯出力量而令使人注意。下面的兩個例子，你看哪一句更引人注意：

．他一下子就進帳了二十萬元。

．他一下子，就進帳了二萬元呀！

照理，二萬元的數目比二十萬元的數目小得多，但是，第一個例子平平講了過去，雖然數目很大，可是聽者未必就加以注意。第二個例子如果很鄭重長聲慢讀，數目雖然較小，可是容易引起聽者的注意，而且會覺得二萬元似乎比二十萬元還要大。

毫無疑問，要想提高你的聲音感染力，首先要了解你自己的聲音。這個問題容易被人忽略，因為我們總是以為自己理所當然了解自己的聲音，畢竟在與人溝通與交談中，自己的聲音一直也會進入自己的耳朵。但事實上是，我們總是將注意力集中在對方聲音以及聲音所包含的資訊中，而完全忽視了自己的聲音。

第五章　怎樣「巧舌如簧」

第五章　怎樣「巧舌如簧」

據《夢溪筆談》載：王安石的小兒子王元澤，小時候非常聰明。有一次，有個客人拿著一個大籠子，籠子裡面有兩個動物。客人告知王元澤籠內為一獐一鹿，並問道：「哪個是獐，哪個為鹿？」

王元澤哪裡知道，但他馬上就給出了答案：「獐邊上的是鹿，鹿邊上的是獐。」儘管王元澤沒有分辨出獐和鹿，但他的「巧舌如簧」卻贏得了客人們的贊許。

三寸之舌，強於百萬雄兵；一人之辯，重於九鼎之寶。每個正常人，從咿呀學語起，到壽終正寢止，幾十年的光陰中，不知道要說多少話。朱自清在《說話》一文中說：「人生不外言動，除了動就只有言，所謂人情世故，一半兒是在說話裡。古文《尚書》裡說，『唯口，出好興戎，』一句活的影響有時是你料不到的，歷史和小說上有的是例子。」

遇嘿嘿不語之士，切莫輸心；見悻悻自好之徒，應須防口。——《小窗幽記》

只有在認識透澈的時候，才能夠說出清晰的、有力的語言；只有在感情激越的時候，才能夠說出新鮮、感人的語言。——秦牧

說話並不是一件容易事。天天說話，不見得就會說話；許多人說了一輩子話，沒有說好過幾句話。所謂辯士的舌鋒、三寸不爛之舌等贊詞，正是物稀為貴的證據；文人們講究吐屬，也是同樣的道理。我們並不想做辯士，說客，文人，但是人生不外言動，除了

動就只有言，所謂人情世故，一半兒是在說話裡。古文《尚書》裡說，唯口，出好興戎，一句話的影響有時是你料不到的，歷史和小說上有的是例子。——朱自清

借別人的口說自己的話

在《三十六計》中，有一個自古至今運用非常廣泛的計謀，叫「借刀殺人」。所謂「借刀殺人」，說白了就是把別人當槍使。把別人當槍使並非只有狐鼠之徒才能用。事實上，古今不少正人君子也會用。好比刀槍在好人手裡是保衛和平的工具，而在壞人手裡則成了施惡的利器。

借別人的口說自己的話，這個說話的藝術與「借刀殺人」的計謀存在一定的相通之處。有時，我們有一些觀點想亮出來，但因為不清楚對方的反應，怕這個觀點給自己帶來麻煩。在這種情況下，我們不妨將觀點假借他人之口亮出來，看看對方聽了之後是如何反應，再確定自己的應對之策。

這裡有一個非常著名的例子，可以用來說明「借別人的口說自己的話」的妙處。在西安事變前夕，張學良和楊虎城就頻繁會面，都有心對蔣介石發難。可對於這個關係到身家性命和國家前途的大事，在對方亮明態度之前，誰也不敢輕易開口。因為萬一自己

先開口，而對方沒有這個意思的話，很容易洩露祕密將自己置於危牆之下。眼看時間越來越近，雙方都是欲說還休。

楊虎城手下有個激進人士叫王炳南，張學良也認識。在又一次會面中，楊虎城便以他投石問路，說道：「王炳南是個激進分子，他主張扣留蔣介石！」張學良聽了，心裡很高興對方終於捅破了窗戶紙，但還是假裝思考了一下子，回答說：「我看，這也不失為一個辦法。」於是，兩人會心一笑，開始商談具體行動計畫。

當時，張學良的實力比楊虎城的大得多，且又是蔣介石的拜把兄弟。楊虎城如果直接把自己的觀點擺在張學良的面前，要是得不到張的認可，楊虎城就危險了。而楊虎城借了並不在場的第三者之口傳出心聲，即使不成也可全身而退，另謀他策。

楊虎城從側面下手，己話他說，既暗示了自己的立場，有助於問題解決，又能顧及自身。張學良聽出弦外之音，也向前跨了半步，用「也不失為一個好辦法」來婉轉示意。他們之間的談話，真是滴水不漏。

明明是自己想說，但怕說出來遭到對方反對，或被對方抓住把柄，便「揪」來一個人，「借」他的口說自己的話。這樣，給雙方的交流留下了一個緩衝地帶，使自己可進可退，遊刃有餘。「藉口」有個好處，就是「詭文而譎諫」，明明是你想說的，你卻說是別人這麼說。聽話的人如果不同意，也不會搞得兩人難堪。「藉口」還可以借「公正第三者」的口說話。例如你丈夫邀人來家打麻將，你自己不抱怨，只淡淡說道：「樓下的人都說我家成了麻將館了。」

總之，借人家的口來說自己的話，「好處」自己得，「壞處」給了別人。只是，在施用這個技巧時，不要造謠生事、搬弄是非：明明張三根本沒說過，你「誣衊」是他說的；或者張三說過，但你在借用時可能會引起你對面的人的極大反感，為張三帶來不良的後果。其實，你縱使是想無中生有說，或者別人的確說了但不宜直接說出是誰說的時，完全可以用模糊「說話人」方式來「借」。比如：「我聽有人說您要將店鋪轉讓？」對方若是真的有心轉讓，怕也不會追問到底是誰說的，而若一味追問，你也大可打個哈哈，一句「我不太記得了，或許是我聽錯了」就輕鬆打發。如果對方不置可否，你不妨再問一句：「那麼看來沒有這回事了？」這樣既達到自己的目的，又把話說得圓滑，講得體面。

言此意彼是脫口秀一大利器

指桑罵槐字面上的意思是：指著桑樹罵槐樹。由此引申出來的意思是：表面上是在罵一個人，實際上是在罵另外一個人。在《紅樓夢》中，賈政壽辰那天，夏太監前來宣賈政入朝覲見，得知元春被加封賢德妃。喜訊傳來，賈府上下歡天喜地，只有寶玉置若罔聞，他惦記黛玉回來，賈璉接完黛玉回來後見王熙鳳，王熙鳳傾訴家不好當：「我們家所有的這些管家奶奶，那一個是好纏的？錯一點兒他們就笑話打趣，偏一點兒他們就指桑罵槐的抱怨。」

「指桑罵槐」，是一種指甲罵乙的罵人術，情緒發洩術，旁敲側擊術。在環境、身分、禮節等多種因素的限制下，罵人者想罵某人，又不便直接罵，便另外找個對象來罵，讓被罵者感到在挨罵，但沒有被指名道姓，又不好站出來對著罵。

著名國畫家張大千先生留有一口長鬍子，人稱美髯公，他自己也非常以自己的鬍子為榮。可是，在一次吃飯時，有一個好友以他的長鬍子為題材，連連不斷開玩笑，言辭逐漸出格。

張大千等朋友說了個七七八八，才不慌不忙開腔：

「既然你那麼喜歡講鬍子的故事，我也來湊一個熱鬧，講個有關鬍子的故事。劉備在關羽、張飛兩弟亡故後，特意興師伐吳為弟報仇。關羽之子關興與張飛之子張苞復仇心切，爭做先鋒。為公平起見，劉備說：『你們分別講述父親的戰功，誰講得多，誰就當先鋒。』張苞搶先發話：『先父喝斷長板橋，夜戰馬超，智取瓦口，義釋嚴顏。』關興口吃，但也不甘落後，說：『先須長數尺，獻帝當面稱為美髯公，所以先鋒一職理當歸我。』這時，關公立於雲端，聽完禁不住大罵道：『不肖子，為父當年斬顏良，誅文醜，過五關，斬六將，單刀赴會，這些光榮的戰績都不講，光講你老子的一口鬍子又有何用？』」

聽完張大千講的這個故事，朋友哈哈大笑，連說「甘拜下風、甘拜下風。」在飯桌上再也不敢提鬍子二字——因為一提又會做了張大千的兒子。張大千的指桑罵槐顯然有點刻薄，但既然是好友之間，再說也是對方出格在先，似乎這樣說說也無可厚非。指桑罵槐是一個致人內傷的陰招，一般用於惡人身上。此外，非常要好的朋友之間開開無傷大雅的玩笑，也可偶用。一個人如果不分對象濫用，只怕會落個言辭刻薄的惡名，令人人惟恐避之而不及。這一點大家不可不察。

魏晉時，謝石打算隱居山林，然而父命難違，不得已只好在醒公手下做司馬。一次，有人送醒公草藥，其中有一種草藥叫遠志。醒公問謝石：「這藥又叫做小草，為什麼同是一物而有兩個名稱？」

謝石一時答不上來，郝隆當時在座，應聲說道：「這很好解釋，隱於山林的就叫遠志，出山就叫小草了。」

謝石听到此處，滿臉愧色。

魏晉時人們崇尚回歸自然，並不以官宦為榮，隱居山林，過閒雲野鶴似的生活是非常時髦的舉動。郝隆這裡正是指桑罵槐，表面上是解釋草藥的名稱，實質上是嘲諷謝石。而謝石竟然在這記悶拳之下，即使想反擊也無從下手。

指桑罵槐的特點就在於巧妙利用詞語的多義性或雙關性等特點來做文章。說話者說出的話語，從字面上的意思看似乎並不是直接針對對方，但話語中卻暗含了攻擊對方的深層意思，使對方雖有覺察卻又抓不住把柄，只好啞巴吃黃連，自認倒楣。

從前，有個瞎子被無辜牽涉到一場官司中，開堂審判時，他對縣太爺說：「我是一個瞎子。」

縣官一聽，立刻厲聲責問：「混帳！看你好好的一隻眼睛，怎麼說是瞎子？」

的。」瞎子接過縣官的話：「我雖然有眼睛，老爺看小人是清白，小人看老爺卻是一團黑

這裡，盲人採用的就是指桑罵槐法。他所說的「清白」和「一團黑」，實際上是利用一詞多義的現象而造成的一語雙關的修辭效果，從而達到了「指桑罵槐」的目的。

正話反說，指東打西

戰國時期，楚國有一位能言善辯的人名叫優孟，他善於在談笑之間勸說國君。楚莊王有匹愛馬，楚莊王看重這匹馬遠遠超過人。比如他為馬披上錦繡的衣服，將牠養在華麗的房舍裡，馬站的地方設有床墊，並用棗脯來餵牠。可是，馬的天性是吃草以及奔跑，吃得太好與養尊處優對馬並非好事。果然，不久，這匹馬就因過度肥胖而死了。莊王非常難過，下令全體大臣給馬戴孝，不僅準備給馬做棺材，還要用大夫的禮儀來安葬馬。

群臣對楚莊王的做法都非常反對，紛紛上書勸莊王別這樣做。然而楚莊王對群臣的勸說十分反感，並下令說：「誰再敢對葬馬這件事進諫，格殺勿論！」

由於莊王的淫威，群臣們都不敢再進諫。優孟聽說這件事後，馬上來到殿門，剛步入門階就仰天大哭。莊王見他哭得這麼傷心，覺得很驚奇，問他為什麼大哭。

優孟說：「這匹死去的馬是大王最疼愛的，楚國是堂堂大國，用大夫的禮儀來安葬，禮太薄了，一定要用國君的禮儀來安葬牠。」

楚莊王聽到優孟不像群臣那樣拚死勸諫，而是支持他的主張，不覺喜上心頭，很高興問道：「照你看來，應該怎樣辦才好呢？」

「依我看來，」優孟清了清嗓子，慢吞吞說，「以雕工做棺材，用耐朽的樟木做外槨，以上等木材圍護棺槨，派士兵挖掘墓穴，命男女老少都參加挑土修墓，齊王、趙王陪祭在前面，韓王、魏王護衛在後面，用牛、羊、豬來隆重祭祀，給馬建廟，封牠萬戶城邑，將稅收作為每年祭馬的費用。」說到這裡，優孟才將話鋒一轉，「這樣，諸侯聽到大王對死馬的葬禮如此隆重，就都會知道大王尊崇馬甚至超過人了。」

這麼一點，的確點到了莊王葬馬的要害，一個統治者竟會「賤人而貴馬」，必然為世人所厭棄。問題到了這樣嚴重的地步，不能不使莊王大為震驚，說道：「寡人要葬馬的錯誤竟到了這麼嚴重的地步嗎？那麼該怎麼辦才好呢？」

優孟見楚莊王有了悔改，才終於亮出自己的觀點：「請讓我為大王用葬六畜的辦法來葬馬吧：用土灶作外槨，用大鍋作棺材，用薑棗作調味，用、木蘭除腥味，用禾稈作祭品，用火光作衣服，把牠葬在人的肚腸裡。」後來，莊王聽從優孟的勸諫，派人把馬交給掌管廚房之人去處理，不讓此事傳揚出去。

優孟採用的辦法就是正話反說，不直接說出自己的意思，而是從相反的方向委婉含蓄表達自己及眾大臣的意願，讓楚莊王接受。

正話反說的特點就是字面意思與本意完全相反，讓聽者自覺去領悟，從而接受你。優孟因侍從莊王多年，熟知莊王的性情，知道對此時的莊王，忠言直諫、強行硬諫肯定是沒有效果的，所以乾脆從稱讚、禮頌楚莊王「貴馬」的後面烘托出另一種相反的又正是勸諫的真意——諷刺莊王的昏庸舉動，從而把莊王逼入死胡同，不得不改變自己的決定。

在日常交談中，總會有一些讓我們不便、不忍或語境不允許直說的話題，需要把「詞鋒」隱遁，或把「稜角」磨圓一些，或從相反的角度深入，使語意軟化，便於聽者接受。即說話人故意說些與本意相關或相似的事物，來烘托本來要直說的意思。

運用反話正說的方法，重要的一點在於處理好一反一正的關係。在交談中，準備對對方進行否定時，卻先來一個肯定，也就是在表達形式上，好像是肯定的，但在肯定的形式中巧妙蘊藏著否定的內容。正說時要一本正經，煞有介事，使對方產生聽下去的興趣。然後，再以肯定的形式抖出反話的內容，與原先說的正話形成強烈的對比，從而產生鮮明的諷刺意味，讓人信以為真，增加談話的效果。

值得注意的是，「正話反說」畢竟是一種諷刺性的表達方式，使用時要特別注意語意的輕重和火候。既不能過分隱晦，令對方不能順利領會話中的「話」，也不能火藥味太濃，以免傷及對方的自尊，引起反感，反而弄巧成拙。

最後，讓我們來看看一個與「正話反說」有關的故事，更深入了解「正話反說」的奇妙之處。

夏完淳，明末著名的抗清將領。他十三歲時參加反清義軍，十六歲時不幸被俘。後押至南京受審，而審判的竟是明朝叛官洪承疇。

洪承疇原是明朝的一個總督。清軍南下時，崇禎皇帝曾命他率軍抵抗，結果全軍覆沒。崇禎帝及滿朝文武還以為他已戰死了，為他舉行了隆重的祭禮，並大力表彰他，誰知他卻早已當了叛賊，死心塌地為清王朝賣命了！

洪承疇以為夏完淳不認識他，以長者的口吻對夏完淳說：「小孩子家懂什麼造反，還不是讓那些叛亂之徒硬拉去的？你要是肯歸降大清，我保你做官。」

夏完淳感到既氣憤又好笑，苟且偷生，真是叛賊的邏輯。於是，他裝出不認識洪承疇的樣子，決定嘲弄一下這個叛賊。他回答說：「我年齡是小，可我有自己的志向。你們都知道我們的抗清英雄洪承疇嗎？他奮勇抗清，寧死不屈，很有氣節，我年齡再小也要做他那樣的人！」

聽了夏完淳的話，洪承疇在大堂上真是如坐針氈。這時，有人出來幫洪解圍，厲聲告訴夏完淳說：「大堂上坐的正是洪大人，你不要再頑抗了！」

夏完淳還是裝出無知的樣子，指著洪承疇的鼻子罵了起來：「胡說！洪老先生早已為國捐軀，天下誰人不曉。你是哪來的賊子，竟敢假冒洪先生，玷汙他的名聲？只有你們才是朝廷的叛徒，民族的敗類。你們認賊作父，投降清廷，人人罪而誅之！」

大堂上的洪承疇被罵得狗血淋頭，但又不便發作。他無地自容，只好用顫抖的聲音喊道：「把他押下去！押下去！」

夏完淳沒有直接罵洪承疇是叛臣，反而有意假裝稱他是忠臣，這種正話反說的戰術，將「為國捐軀」與「賣身投敵」形成鮮明對照，以高尚反襯卑劣，用刀子般的嘴揭露了叛臣的醜惡靈魂。這種攻擊十分淩厲，比正面直接進擊的效果更勝一籌。

明話暗說，曲徑通幽

在社交中，有些話我們必須說，但又不好明說。怎麼辦？明話暗說，曲徑通幽，讓對方自己去領悟。

一個公司的職員到主管家求主管幫忙辦事，主管夫人熱情招待，很有禮貌端果倒茶。這位職員辦完事後，竟然在主管家與主管高談闊論。天色已經很晚了，主管的孩子還要早點休息，主管夫人也很疲倦了。但是，客人此時說得正酣，也不好直接請客人出門，怎麼辦呢？

主管夫人便到廚房收拾了一下家務，然後回到房間對丈夫說：「人家這麼晚來找你，你就快點幫人家把事情辦好，別讓人家總這樣等著。」然後又對客人說：「您再喝杯茶吧。」

這位職員聽到主管夫人的話，很知趣聽出了主管夫人的弦外之音，馬上告辭了。

主管夫人將自己的意思曲折表達出來，既尊重了客人，不至於讓客人難堪，又不須直接說出自己的想法。表面看她是在為客人說話，為客人幫忙，但實際卻在傳達另一個含義。這種因情因勢的表達，語言得體，又達到了自己的目的。

在我們的正常理解中，說話本應準確、清楚，但在語言的實際運用中，許多話是不必說得過於清楚的。具有一定的含蓄性，反而能讓語言表達更有魅力。

明話暗說的顯著特點是「言此而意彼」，能夠誘導對方領會你的話，去尋找那言外之意。從心理學的角度來看，委婉暗示的話，不論是提出自己的看法還是勸說對方，都能維護對方的自尊，使對方容易贊同，接受自己的說法，進而也就達到了溝通的目的。

生活中有很多尷尬的事情發生，如果直截了當，可能會讓大家陷入難堪的境地。此時，不妨巧妙旁敲側擊，用暗示的方式來提醒對方。

張小姐是王老闆的祕書，一次他們去陪幾個重要的客戶。酒桌上推杯換盞，氣氛友好而熱烈。突然，張小姐無意中發現剛從洗手間出來的老闆忘記了拉褲子的拉鍊。張小姐連忙迎上還沒落座的老闆，低聲說：「王總，您剛才出門是不是忘記關車庫門了？」老闆一聽，這個幽默我在網路上看到過啊！難道……忙下意識低頭看，好在張小姐早就幫他擋住了客戶的視線。老闆嘿嘿笑了笑，轉身進了洗手間。過一下子出來時，說：「哎喲，把手錶給忘在洗手臺上了，幸虧張小姐眼尖，否則就丟了。」一場尷尬就這樣化為無形。

暗示最怕的是太「暗」，「暗」到別人很難明白你的真實意思，那就白暗示了。拿上面的輕喜劇來說，車庫門忘關代指忘記拉拉鍊的小幽默，幾乎上網的人個個都看到過。因此，祕書的話老闆一聽就馬上能聯想到發生了什麼事情。而要是祕書直接說：「老闆，你忘記了拉下面的拉鍊了。」老闆當時一定會臉紅、不好意思，雙方也會有尷尬。而祕書採取暗示的說辭，雙方都會隨和多了。

暗示最怕碰上榆木腦袋，你再怎麼點撥都不開竅。在《梁山伯與祝英臺》中，祝英臺不停暗示暗示再暗示，可憨厚的梁兄就是不開不開不開竅，怎麼點也點不醒點不透，讓看的人急都急死了。但觀眾急沒有用，祝英臺急也白搭。最後，悲劇不可避免出現了。好在那是戲劇，人物與情節的安排要符合劇情的需要，生活中這樣榆木的人不多見，要是你有幸碰上了，還是不暗示的好。

令人叫絕的詭辯術

有一個年輕人在熱鬧的集市上賣烏龜。為了拉生意，他大聲吆喝：「賣烏龜！賣烏龜！鶴壽千年，龜壽萬年。活一萬年的烏龜，便宜賣啦！」

有個人聽說烏龜能活一萬年，就買了一隻。可第二天一看，烏龜居然死了。於是，這個人氣呼呼跑到集市上，找到那個賣烏龜的人，氣憤指責道：「你這個騙子！你說烏龜能活一萬年，可牠只活滿一個晚上就死了！」

賣烏龜的年輕人聽了，笑哈哈答道：「先生，這樣看來，昨天晚上牠剛好活滿一萬年。」

這個賣烏龜的年輕人用的是詭辯術。他所說的「這隻烏龜昨天晚上剛好活滿一萬年」顯然是沒有根據的，但是要證明他話沒有根據，卻很難拿出十分充足的理由。年輕人正是利用這一點來為烏龜的死進行詭辯。

詭辯術在我們生活中其實經常遇到，但究竟什麼叫詭辯呢？德國哲學家黑格爾曾給了精闢的解說。他說詭辯是「以任意的方式，憑藉虛假的根據，或者將一個真的道理否定了，弄得動搖了，或者將一個虛假的道理弄得非常動聽，好像真的一樣。」由此可見，詭辯不是蠻橫的強詞奪理，而是一種智慧的角逐、語言的較量。在社交脫口秀中，當然少不了詭辯之術。

黑格爾對於詭辯的定義，在我們聽來似乎太抽象了。我們不妨透過閱讀下面一則短文來從形象的角度加深理解。

有一天，兩個學生去請教他們的哲學教授：「教授，究竟什麼叫詭辯呢？」

教授想了一下子，說：「有兩個孩子，一個很愛乾淨，一個很髒。媽媽要幫他們兩個人洗澡，你們想想，他們兩人中誰會洗呢？」

第五章　怎樣「巧舌如簧」

學生甲脫口而出：「那還用說，當然是那個髒的。」

教授搖頭說：「不對，是乾淨的去洗，因為他養成了愛清潔的習慣；而髒人卻不當一回事，根本不想洗。你們再想想看，是誰洗澡了呢？」

學生甲連忙改口：「愛乾淨的！」

「不對，是髒人，因為他需要洗澡。」教授反駁後再次問學生：「這麼看來，誰洗澡了呢？」

「髒人！」學生甲已經不敢回答了，學生乙回答。

「又錯了，當然是兩個都洗了。」教授說，「乾淨的有洗澡的習慣，髒人有洗澡的必要，怎麼樣，到底誰洗了呢？」

兩個學生如釋重負，異口同聲說：「對的，是兩人都洗了。」

「又錯了。」教授笑道，「兩個都沒有洗。因為髒人不愛洗澡，而乾淨人不需要洗。」

「老師，你好像每次都說得有道理，可每次的答案都不一樣，我們該怎麼理解呢？」

學生完全迷糊了。

「這很簡單。你們看，這就是詭辯。」教授微笑著說。

洗澡與否的衡量標準在教授手裡，他將標準變來變去，使自己永遠立於不敗之地。

再來看一則生活中的詭辯。大學哲學系同學有這麼一則辯論一

張三：「愛情與一碗稀飯相比，哪個好？」

李四：「當然愛情好，『生命誠可貴，愛情價更高』，沒有東西比愛情好。」

張三：「既然『沒有東西』比愛情好，而一碗稀飯總比『沒有東西』好，所以，稀飯要比愛情好。」

怎麼樣？這樣的口才讓人嘆為觀止吧？

其實，張三在辯論中用的是一種典型的詭辯術。詭辯似乎有陰謀詭計的意思，不太光彩。但正如因為壞人擁有武器，所以好人必須擁有武器一樣，學點詭辯並沒有什麼。進則可以駁斥無賴，退則可以防守別人的詭辯，何況詭辯還兼有娛樂朋友、搞活氣氛、鍛鍊思維的功效。

既然詭辯那麼厲害，我們在日常生活中如何不被別人糊弄了呢？我們不妨先看看下面這則故事。

阿凡提有個做買賣的朋友要出遠門，來跟阿凡提辭行。這個朋友看見阿凡提手上戴著只金戒指，便打主意要把那只金戒指討過來。朋友說：

「阿凡提，我這一出門，就會好久見不到你，我真有點捨不得你，在外面我想我一定

會很想念你。我說：「看我們多年交情的分上，把這只金戒指給我戴上吧！我一見到這只金戒指就會像見到你本人一樣安心了。」

人家想要戒指不明說，轉了一個大彎。阿凡提當然不願意上當，但他怎麼來拒絕這個看似很「有情」的要求呢？

阿凡提說：「你的心腸真好啊，我們的友誼真的太深厚了！說實在的，你出門那麼長的時間，我也是度日如年，經常思念你呀。這個戒指還是讓它留在我手上吧，這樣的話，我一見到它就會想起：『噢，這個戒指我的朋友討要過，我沒給』，這樣你的模樣就會出現在我眼前了！」

阿凡提的朋友用詭辯，想「詭」到阿凡提的戒指。阿凡提用的也是詭辯，讓自己的戒指沒有被「詭」去。一個高明的詭辯家能夠從共同的前提中引申出與對方針鋒相對的結論，以此與論敵相抗衡。

張三去飯館吃飯，先要的是麵條，服務生端來的是拉麵。他不想吃，就讓服務生換了一盤包子，吃過之後不付款就走。服務生對他說：「您吃的包子還沒有交錢呢！」張三說：「我吃的包子是用麵條換的。」服務生說：「麵條你也沒有交錢。」張三又說：「麵條我沒有吃呀！要付錢做什麼？」氣得服務生一時不知道如何應答。

張三在此玩弄的詭辯有兩處非常迷惑人：一是「包子是用麵條換的」，按照通常的理解，「以物易物」的交易是用不著付錢的；二是「麵條我沒有吃」，既然沒吃，也就無須交錢。問題究竟出在哪裡呢，就出在麵條上——雖然他沒有吃麵條，但由於沒有付款，麵條的所有權仍然屬於店主，因此他無權用麵條來換的包子，所以吃了包子必須交錢。在這裡，張三用「包子是用麵條換的」這句話作掩護，偷換了包子「所有權」的概念。

可見，要破解別人的詭辯，還真要多學點邏輯知識。

化腐朽為神奇的激將法

什麼是激將法呢？簡單說，就是用反面的話刺激別人，使其下決心去做某件本不想做的事或說不想說的話，從而起到良好的語言表達效果。激將法源於古代的兵法，在很多著名的戰役中，我們都能看到激將法的影子。

在《三國演義》中，諸葛亮就是一個善於運用激將法的高手。他最喜歡激將的人是張飛，經常遇到重要戰事時，先當面對張飛聲稱其擔當不了此任，或說怕他貪杯酒後誤事，激張飛立下軍令狀，增強他責任感和緊迫感，激發他的鬥志和勇氣，掃除輕敵思想。

例如，當悍將馬超率兵攻打葭萌關時，蜀漢能與馬超匹敵的只有趙子龍和張飛。趙子龍領兵荊州一時回不來，於是張飛就成了擔當重任的不二人選。劉備想馬上遣張飛迎戰，卻被諸葛亮勸阻。

諸葛亮說：「主公先別說，讓我來激激他。」

這時，張飛聽說馬超前來犯，大叫而入主動請纓出戰。

諸葛亮並不搭理，只是對劉備說：「馬超智勇雙全，無人可敵，除非往荊州喚雲長來，方能對敵。」

張飛聽了，勃然大怒：「軍師憑什麼小瞧我！我曾在當陽拒水斷橋，獨擋曹操百萬大軍，難道還怕馬超這個匹夫！」

諸葛亮說：「這是因為曹操不知道虛實，若知虛實，你怎能安然無事？馬超英勇無比，天下的人都知道，他渭橋六戰，把曹操殺得割鬚棄袍，差一點喪了命，絕非等閒之輩，就是雲長來也未必戰勝他。」

張飛不服氣：「我今天就去，如戰勝不了馬超，甘當軍令！」

諸葛亮的目的達到了，便假裝順水推舟說：「既然你肯立軍令狀，便可以為先鋒！」

後來，張飛與馬超在葭萌關下鬥了二百多個回合，難分伯仲。明明張飛是不二人選，張飛也主動來請纓，但諸葛亮卻騙要繞個圈子，把張飛激一激，刺一刺，令張飛更加賣力打仗，順便還讓其主動立了軍令狀。

人爭一口氣，佛爭一炷香。古往今來，為爭一口氣的人們總是不惜犧牲一切。從心理學的角度來看，當一個人的自尊心受到了強烈的負面刺激時，往往會產生強烈的羞恥感。越是好強的人、自信的人，其羞恥感越強。在羞恥之下，人和可能激發出驚人的力量與恆久的毅力。所謂「知恥而後勇」，說的就是人在遭受恥辱後的奮發圖強。明白了這些道理，你就會明白激將流行了千年，為什麼至今仍盛行不衰的原因。

西元一九八一年，IBM 推出個人電腦，蘋果在這個藍色巨人的攻勢下節節敗退。蘋果電腦的掌門人賈伯斯有點著急，為了打翻身仗，決定去挖百事可樂的總裁約翰·史考利（John Sculley）。史考利在百事可樂做得好好的，憑什麼來趟蘋果這渾水呢？

賈伯斯對史考利的激將之語被業界傳為名言：「如果你留在百事可樂，五年後你只不過多賣了一些糖水給小孩，但到蘋果，你可以改變整個世界。」

史考利貴為大公司的總裁，突然被賈伯斯譏為「賣糖水給小孩」，心裡的豪情頓時升起。於是他加盟蘋果，代替賈伯斯的位置，成為蘋果的總裁。

西元一九八二年，史考利走馬上任，很快就將蘋果的劣勢徹底扭轉。

很多時候，勸將不如激將，人總是有自尊的，找準這個點，狠刺一下，透過巧妙的刺激，可以促其做出卓有成效的反應。

「激將」重在要「激」出對方心中的驚濤駭浪。有些城府淺、道行低的人，幾塊石頭投下去，就可以探得八九不離十，然後再猛的一塊大石頭投進去，即可大功告成。怕就怕那些城府很深的傢伙，十問九不答，老奸巨猾。這類人或心如古井，或冷眼觀人，激將法很難奏效，也容易被其輕易看穿。

越好勝的人越容易被激將，越魯莽的人越容易被激將，越單純的人越容易被激將。如果有人將這三者占盡，就是天生用來給人激將的佳品——如我們前面所說的張飛就是這樣的極品。

不妨借助道具來說明

人類在感知上，視覺的衝擊力要比聽覺強烈得多。因此，脫口秀高手不妨利用這點，選擇合適的道具，在視覺上形成強烈的衝擊力。

陶行知是中國著名的教育學家，對於教育有著很深的理解。有一次，他去某師範大學演講。走上講臺，對著下面眾多將要走向講臺的學子，不慌不忙從箱子裡拿出一隻大公雞。臺下的學生全愣住了，不知陶先生要幹什麼。

陶先生從容不迫又掏出一把米放在桌上，然後按住公雞的頭，強迫牠吃米，可是大公雞只叫不吃。怎麼才能讓雞吃米呢？他掰開雞的嘴，把米硬往雞的嘴裡塞。大公雞拚命掙扎，還是不肯吃。陶先生輕輕鬆開手，把雞放在桌子上，自己向後退了幾步，大公雞自己就吃起米來。

這時陶先生開始演講：「我認為，教育就跟餵雞一樣。先生強迫學生去學習，把知識硬灌給他，他是不情願學的。即使學也食而不化，過不了多久，他還是會把知識還給先生的。但是如果讓他自由學習，充分發揮他的主觀能動性，那效果一定會好得多！」臺下一時間歡聲雷動，為陶先生形象的演講叫好。

陶行知用高超的口才（實物示範也屬於口才範疇），把教育的理念用形象生動的方式表達了出來，具有非常強的說服力。同時，他也用實際的教育行動，為這些未來的教育工作者作了一個表率。真可謂一箭雙雕！

西元一九三八年，日軍的鐵蹄在中華大地肆虐，全國進入抗日血戰之中。是年秋天，馮玉祥將軍到湖南益陽縣城，向幾萬人發表演講，鼓勵他們抗日。馮玉祥將軍出場時，左手握著一根樹枝，將一個草編的鳥窩放在樹枝的丫間，鳥窩裡還有幾個鳥蛋。

臺下的人不知馮玉祥拿這個做什麼。這時，馮玉祥將軍開口說話了，他說：「大家知道，先有國家，然後才有小家，才有個人的生命保障。我們的祖國遭到了日本帝國主義的侵略，我們都要用自己的雙手保衛她，那就是起來抗日。如果不抗日，」說到這裡，他手一鬆——樹枝落地、窩摔了、蛋破了。

古人云：覆巢之下，焉有完卵。地上破碎的鳥蛋讓聽眾聯想到自己的命運，頓時熱血沸騰、群情激昂。在這裡，馮玉祥將軍用樹枝比作國家，用鳥窩比作家庭，用鳥蛋比作個人，用握著樹枝的那隻手比作捍衛國家的人。他以借助道具進行實物展示，真實而又生動，大大增強了言辭的說服力。

陶行知與馮玉祥兩人這種借助道具的說服方式，值得我們大家學習與借鑑。

一言不發的妙用

老子在《道德經》中有云：「大白若辱，大方無隅，大器晚成，大音希聲，大象無形。」意思是：最潔白的好像汙濁，最方正的沒有稜角，最大的器具最後完成，最大最美的音樂沒有聲響，最大的象沒有形象。

老子這種「無與有」的哲學思辨，其實貫穿在中國傳統文化的方方面面。例如，最美味的魚翅，其實本身是沒有什麼味道的（因為沒有味道，所以廚師可以透過其他手段讓其入味從而得到最理想的味道）。

遵循這種哲學邏輯，最好的說服與溝通，是不說話。當然，這只是在一定的時候才成立——即此處無聲勝有聲。有時候，不說話比說話更有說服的力量。例如當戀人處於極度悲痛之中時，摟她入懷，讓她靠在自己的肩上，也許比任何口頭的安慰更有力量。當孩子闖了禍，一個關切與憂心的注視，或許更能讓他下不為例。記得在一部反映美國獨立戰爭的電影中，一場殘酷的攻堅戰將要在荒原上展開，所有的將士都知道這一仗將是無比凶險，將會有無數戰友有去無回。將軍最後一次檢閱了他的部隊。他從整齊的方陣前緩緩走過，眼裡噙著淚水，注視著他眼前如他兒子般年輕的臉龐，似乎要將每一張臉都鍥刻在腦海。這名將軍自始至終沒有說一句話，但他的舉動震撼了每一個士兵的心靈。士兵們發出震耳欲聾的的喊聲：「自由萬歲！」然後在將軍的揮手之下，如猛虎般朝敵陣發起了衝擊。在那場決定整個戰爭勝負的慘烈戰役中，他們發起一次又一次的衝擊，終於用鮮血凝成了勝利。

這就是沉默的力量！這就是無聲卻勝有聲的力量！它如大地，高山，黑夜，石頭，平靜的湖水。在我們這個喧囂繁鬧的時代，很多人已經遠離了沉默。他們認為，沉默會使別人把自己看得懦弱、害羞、卑微、愚蠢、平凡。於是人們即使心裡恐慌無比一無所知手足無措也要大聲嚷嚷，也要憤怒一下。其實，真正自信的人是沉默的。他的力量在沉默中你就會明顯感覺到。

有這樣一段關於沉默的描述，墨子與公輸盤探討「非攻」之學問。

公輸盤：我知道怎麼對付你，但是我不說。

墨子：我也知道怎麼來對付你，我也不說。

兩個都不說的人，用沉默來完成了心靈的碰撞，是一種智慧的較量。它無疑體現了高瞻遠矚和大徹大悟的成竹在胸。

社交脫口秀，同時也包含不開口的「秀」。荀子說：說話而恰當是智慧，沉默而恰當也是智慧。西方也有一句名言：聰明的人借助經驗說話，而更聰明的人根據經驗不說話。

在中國的佛教中，「沉默」具有其特殊的意義。當年文殊法師問維摩詰有關佛道之說時，維摩詰一言不發。維摩詰的沉默，在後來的禪師們看來「如雷聲一樣使人震耳欲聾」。這種「如雷的沉默」，猶如颱風中心，看似無聲無力，卻是力量的源泉。如果我們拋開略顯晦澀的禪宗教義，從老子的「大辯若訥」以及莊子的「不言而言」中，都可以感知古代先賢對於沉默的推崇。

第六章　說服他人並不難

第六章　說服他人並不難

何謂說服？一言以蔽之，說服就是使對方能主動「起而行」。也就是使對方自動自發成為「被說服者」。因此，是否成功說服了對方，須檢驗對方是否自動自發、自覺自願「起而行」。如果只是強迫性去改變他人的意願，那只會徒增反感罷了。誠如一位西方哲人所說：「牽馬到岸邊，強迫不想喝水的馬喝水，實在是不可能的。」舉起槍來威脅，也只不過是為生命而暫時屈服罷了。誘以整疊的鈔票，對方即使做了，為的也只是金錢而已。這不能算是說服，這樣雖能使人行動，但只是使他「動」並不是件好事。用手槍威嚇、用金錢利誘，只能驅使對方就範。這只是對方在不得已的情況下，所採取的權宜之策。

凡為人言者，理勝則事明，氣盛則招拂。——程顥

與人言，宜和氣從容。氣忿則不平，色厲則取怨。——薛鏇

言貴於有物，無物，非言也。——魏了翁

人類天生就是這樣的，只要你說話的時候神氣十足像個主宰者，就有人服從你。——阿普【法國】

要使人信服，一句言語常常比黃金更有效。——德謨克利特【古希臘】

語言只是一種工具，透過它我們的意願和思想就得到交流，它是我們靈魂的解釋者。——蒙田【法國】

知己知彼，百戰不殆

與人交談時，如果只知道對方的觀點和態度，而不知道對方為什麼會有這樣的觀點和態度，就談不上能溝通與說服了。

有這樣一個笑話：某青年見同伴唉聲嘆氣，說生活太空虛，活著沒意思。他問：「你這是怎麼了？為什麼事情煩惱？」

「唉，你知道，我特別愛那個女孩。我把自己的一顆心，都掏出來給她了，可她居然拒絕了我對她的愛。」

「拒絕了？咳！你別當真！更用不著為這個灰心喪氣。好女怕痴漢，你要再接再厲嘛！要知道，女人對男人說『不』，常常意味著『是』的開始。」

「可她並沒有對我說『不』呀，而是輕蔑對我說道『呸』！」

這下子，這位青年傻眼了。他沒搞清楚對方失戀的原因，怎麼可能說服對方呢？了解別人的「心結」所在，不僅要獲得對方的回饋資訊，而且要對對方做出某種反應的原因、含義做出準確無誤的判斷。否則，雙方就無法進行有效交流。有的放矢，這一點在說服中尤其重要。

「知己知彼，百戰不殆」這句老話，是很有道理的。戰爭如此，在說服別人時也必須如此。在說服對方之前，必須透徹了解被說服對象的有關情況，以便針對重點進行工作。了解的內容主要有：

．**了解對方的性格**：不同性格的人，對接受他人意見的方式和敏感程度是不一樣的。如：是性格急躁的人，還是性格穩重的人；是自負又不學無術的人，還是有真才實學又很謙虛的人。掌握了對方的性格，就可以按照他的性格特徵，針對重點工作。

．**了解對方的長處**：一個人的長處，就是他最熟悉、最了解、最易理解的領域。如有人對部隊生活熟悉，有人對農村生活比較熟悉，有人擅長於文藝，有人擅長於語言，有人擅長於交際，有人擅長於計算等等。在說服人的時候，從對方的長處人手。第一，能和他談到一起去；第二，在他所擅長的領域裡，談起話來他容易理解，便容易說服他；第三，能將他的長處作為說服人的一個有利條件，如一個伶牙俐齒、善於交際的人，在分配他到業務部門時可以說：「你在這方面比別人具有難得的才能」，「這是發揮你潛在能力的一個最好機會」，這樣談既有理有據，又能表明領導者對他的信任，還能引起他對新工作的興趣。

・**了解對方的興趣**：有人喜歡玩「CS」，有人喜歡音樂，還有人喜歡下棋、養鳥、集郵、書法、寫作等，人都喜歡從事和談起其最感興趣的事物。從這裡入手，打開他的「話匣子」，再對他進行說服，便較容易達到說服的目的。

・**了解對方的其他想法**：一個人堅持一種想法，絕不是偶然的，他必定有自己的理由，而且他講的道理一般都符合國家政策、集體利益或人之常情。但這常常不是他的真實想法，他的真實想法怕說出來被人瞧不起，從而難以啟齒。如果領導者能真正了解他的「苦衷」，就能針對重點加以解決。

・**了解對方當時的情緒**：一般說，影響對方情緒的因素，一是談話前對方因其他事情所造成的心緒仍在起作用；二是談話當時對方的注意力正集中在哪裡；三是對說服者的看法和態度。所以，說服者在開始說服之前，要設法了解他當時的思想動態和情緒，這對說服的成敗，是一個重要的環節。

了解對方是有很多學問的。許多人不能說服別人，是因為他沒有仔細研究對方的心理，沒有研究用適當的表達方式，就急忙下結論，還以為「一眼看穿了別人」。這就像某些粗心的醫生，對病人病情不了解就開了藥方，當然沒有不碰釘子的。

蘇格拉底的說服妙法

美國紐約的一個銀行職員詹姆斯·艾伯森有一次碰上了一個比較難對付的客戶。這個客戶需要開戶，但不願意在開戶表格上填寫某些必須填寫的個人資訊。

「在我研究說服術之前，我一定會對那個人說，如果拒絕對銀行透露那些資料的話，我們就不讓他開戶。我很慚愧過去我採取的那種方式。當然，像那種斷然的方法會使我覺得很痛快。我表現出自己說了算，也表現出銀行的規矩不容破壞。但那種態度當然不能讓一個進來開戶頭的人有一種受歡迎、受重視的感覺。」艾伯森這樣說。

「那天早上我決定改變策略。我不談論銀行所要的，而談論對方所要的。最重要的，我決意在一開始就要讓他說『是，是』。因此，我不反對他。我對他說，他的疑慮是可以理解的。」

「不過，我接著說，假如你把錢存在銀行一直等到你去世，難道你不希望銀行把這筆錢轉移到你那依法有權繼承的親友那裡嗎？」

「是的，當然。」他回答道。

我繼續說：「你難道不認為，把你最親近的親屬的名字告訴我是一種很好的方法嗎？萬一你去世了，我們就能準確而不耽擱實現你的願望。」

他又說：「是的。」

「當他發現我們需要的那些資料不是為了我們，而是為了他的時候，那位中年人的態度軟化下來——他改變了！」

「在離開銀行前，那位中年人不但告訴我所有關於他自己的資料，而且在我的建議下，開了一個信託戶頭，指定他的母親為受益人，同時還很樂意回答所有關於他母親的資料。」

「我發現，一開始就讓他說『是，是』，他就忘掉了我們所爭執的，而樂意去做我所建議的。」

艾伯森說他的說服術脫胎於蘇格拉底的說話技巧。在蘇格拉底去世兩千多年之後，他仍被尊為這個爭論不休的世界上最卓越的口才家之一。

他獨創了一套現在稱之為「蘇格拉底說服妙法」的說服技術。他所問的問題都是對方所必然同意的。他不斷得到一個同意又一個同意，直到他擁有許多的「是，是」。他不斷問，到最後，幾乎在沒有意識之下，使他的對手發現自己所得到的結論恰恰是自己在幾分鐘之前所堅持反對的。

今後，當我們要自作聰明對別人說他「錯了」的時候，可不要忘了蘇格拉底，應提出一個溫和的問題——一個會得到「是，是」反應的問題。

極言危害，令其喪膽

有時，你可以採用誇大後果的方法，以後果的嚴重性使別人心驚膽戰，從而達到說服他的目的。

戰國時期，有個叫張醜的人在燕國當人質。聽說燕王要殺死他，急忙逃走，眼見就快要逃離燕國的邊境之時，被燕國邊境的巡官捉住了。巡官決定把他送給燕王去領賞。

張醜對那個邊境巡官說：「燕王之所以殺我，是有人向燕王說我有很多珠寶，而燕王正是想要得到這些珠寶。事實上，那些珠寶已經沒有了，可是燕王不相信我的話。現在你們把我抓住並送給燕王，如果是這樣的話，我就會對他說你已經把這些珠寶都吞到肚子裡了，燕王這時候一定會要你剖腹取珠，你的肚子將一寸一寸的被割開。想想後果，你還會把我送給燕王嗎？」

那個巡官被這番話給嚇呆了，趕緊放了張醜，讓他逃出燕國。

在這個故事裡，張醜正是借助極言危害來恐嚇巡官，並起到了良好的效果。

有一天，楚國大夫申無害的守門奴僕因為偷喝酒被申無害發現，這個守門的奴僕便畏罪潛逃。為了逃避申無害的追捕，他跑到了楚靈王的宮中當了一名守卒。他之所以跑到王宮中當差，是因為楚國有這樣的法律規定：任何人都不許到楚王的宮中抓人。

但是，申無害卻直接從宮中把他給捉了回來。楚靈王知道後，非常氣憤，命令申無害把那個奴僕放出來，並要治申無害擅闖王宮之罪。

申無害面對楚靈王的威脅，毫不畏懼說：「天上有十個太陽，人間分十個等級，上層統治下層，下層侍奉上層，上下層相互連繫，國家才能夠安定、太平。而如今，臣下的守門奴僕畏罪潛逃，並且憑藉王官來庇護犯罪之身。如果他真的能夠得到王官的庇護，其他的奴僕、百姓犯了罪，也會仿效他的做法，這樣的話，盜賊可以公然行事，誰還能禁止得了啊？到那個時候，局面肯定會變得不可收拾。為了防止那種後果，所以臣下不敢尊奉王命。」

楚靈王無話可說，只好任由申無害對守門奴僕治罪，並且赦免了申無害擅自到王宮中抓人的罪過。

在這個故事裡，申無害以不治守門奴僕的罪所造成的「盜賊公行，最終造成無法收拾的局面」這一嚴重後果來恐嚇楚靈王。楚靈王被他描述的這一亂糟糟的局面給嚇住了，最終被申無害說服。

適當運用肢體語言

人類在感知上，視覺的衝擊力要比聽覺強烈得多。根據國外研究肢體語言的專家認為：在一條資訊所產生的全部影響力中，有多半來自於無聲的肢體語言。

當很多人把口才的功夫幾乎全部下在嘴巴發出的聲音上時，聰明的社交脫口秀高手已經意識到了肢體語言的重要性。肢體語言經由身體的各種動作，從而代替或輔助口頭語言，以達到表情達意的溝通目的。狹義言之，肢體語言只包括身體與四肢所表達的意義。廣義言之，肢體語言還可以擴展到穿著打扮。

一個無心的眼神，一個不經意的微笑，一個細微的小動作，就可能決定了你的成敗——即使這是一次千萬元級別的商務談判。是的，那些被我們所忽略的微小的肢體語言，有著如此之大的魔力。正是這些微妙的肢體語言，決定了我們在與他人的交往中是掌控別人，還是為別人所掌控。

美國前總統口誤頻頻是出了名的，如：「網路上的高速公路是不是太多了？」，「我認為中東的不穩定直接造成了這個地區的不穩定」。有心人甚至專門收集小布希的口誤成布希語錄，並譏笑他為「白字總統」、美國史上最笨的總統，還說他智商只有九十一等等。但這些並不影響他的總統連任，也不影響他到處作演講。他演講時的手勢特別多，講個話手比來比去。他在演說時甚至還有音樂指揮家的架式，沒錯，他的確曾客串過音樂指揮。即使經常說錯話、說錯字，小布希毫不受干擾，照樣手舞足蹈，緊緊抓住聽眾的注意力。媒體評論說，布希的手勢，總能貼切的詮釋文字。

顯然，是豐富得體的肢體語言，彌補了小布希不太善於言辭的弱項。

對於肢體語言的運用，美國脫口秀主持人庫什納告誡大家，不要墜入以下幾個盲點：

．**銀行家**：這些人一邊說話一邊不斷搖他們口袋裡的零錢，他們看起來像一個找零錢機，這十分讓人分散注意力。

．**眼鏡商**：這些人一邊講話不時調整他們的眼鏡。一下子把它帶上，一下子又把它摘下來，或者把眼鏡往上推一推。

．**裁縫**：這些人講話時會無意識擺弄他們的衣服。對於這一類的男性來說，領帶是一個很大的擺弄物件。他們時而搓搓它，時而捏捏它，時而把它卷起來。

．**珠寶商**：這些人講話時會無意識擺弄他們的飾物。對於這一類的女性來說，項鍊是一個很有吸引力的擺弄物件。而不時轉戒指的人卻男性女性都有。

・**單戀者**：這些人擁抱他們自己，這看起來十分不可思議。他們站在聽眾們的面前，並且在講話的時候擁抱他們自己。這使他們失去了很多的信譽。

・**乞丐**：這些人在講話時，把他們的雙手合在一起，並且伸向聽眾，好像他們在乞討一樣。

・**有潔癖的人**：這些人在講話時，不停搓他們的手，好像是在洗手一樣。由於某些原因，這看起來很搞笑，因為一沒有香皂，二沒有水，也沒有水槽，而且還有一群叫做聽眾的人在看。

・**玩具製造商**：這些人在講話時，喜歡玩弄他們隨身攜帶的小玩具——鋼筆啊，標牌啊，遙控器啊——任何在旁邊能夠找到的東西。他們把這些東西放在手裡轉來轉去或是擠來擠去。這些東西分散了聽眾的注意力。

・**抓癢癢的人**：這些人總是把他們的頭髮往脖子後面或者是頭的後面梳理。是的，聽眾們也知道這是一個緊張時的習慣，但是他們也會在想——你究竟有多久沒有洗頭。

肢體語言有很多方式，基於篇幅我們在此無法就這個話題展開來一一講解。有興趣的讀者朋友們不妨找一些相關讀物來充實自己，提高自己的肢體語言表達能力。

邊看邊說，邊說邊看

察言觀色在人際交往中必不可少，尤其是涉世未深的年輕人更應該學會察言觀色，在察言觀色中來提高自己的閱歷，其實在具體的操作中學問是很多的，接下來就幾個方面來說明察言觀色的重要性，藉此給大家以提高，無論在為人處事還是說話上都做到百分之百。

與日有所思，夜有所夢一個道理，心有所思，口也就有所言。言就成了想的視窗，從一個人的言論中可以窺探他的內心世界，所謂社交就是在不同的思想支配下，用語言進行交鋒。因此，透過言語控制對方思想活動的脈搏，自然是談話的關鍵所在。

與察言同樣重要的是觀色，考察對方的面部表情和身體動作，有時能捕捉到說話人更為真實微妙的思想，很多舉止神態的變化都是下意識的，在某一瞬間，它們可能完全不受主觀意識的控制。心理學研究證明，外界事物對人大腦的刺激，往往會使人體內部某些相應的組織機能在短時間內出現異常現象，也就是說，人的喜怒哀樂，不僅是透過口頭語言，更多情況下是透過人的身體來表現的。另一方面，由於每個人和每個人都是不同的，一個人思想和感情的流露，又多包含在一種與眾不同的習慣性動作、神態之中，傳說勃列日涅夫在作出一個決定後，總要從椅子上站起來，在屋子裡踱上一圈。有一次他對尼克森說：「我每站起來一次，就作一次讓步。」可見思想活動與言談舉止是密不可分的。因此我們說「言」與「色」是洞察內心世界的視窗。在交談中，要善於從言與色這兩個方面洞察對方，以獲得主動權。

莫用別人不懂的詞彙

「對牛彈琴」之所以成為一則笑話，是因為「牛」根本就聽不懂琴聲。在說服他人時，如果用詞晦澀難懂，與「對牛彈琴」一樣的無聊與可笑。

有些人講起話來總要用上幾個專業名詞，以顯示他自己的學識淵博，其實這種空架子，正表示他的腹內空空。講起話來喜歡用專業術語以顯示自己學問的淵博，這等於老學究的講話，一定要滿口之乎者也，以顯示自己是個讀書人。

我發現有件很妙的事，就是只要注意一個人用的詞彙，就往往可以猜出他大約什麼年歲。

這並不是因為年歲大用詞彙就深，而且由於中國歷來都用統一的課本，而課文往往因為時代的變遷而有很大不同。有些文章，像《岳陽樓記》、《桃花源記》，雖然年年都會編入，但又有些文章，像《滕王閣序》、《愛蓮說》則可能上一版有，這一版沒有。

所以，很可能那些讀過《愛蓮說》的人，動不動就講「可遠觀而不可褻玩」；背過《滕王閣序》的人，突然會冒出一句「時運不濟，命途多舛」；念過《與吳質書》的人，喜歡用「動見觀瞻」；中學默寫過《岳陽樓記》的人，愛說「政通人和」。

為什麼他們能將這些古文用得十分習慣？

因為他們在課本上學的，太熟了。

問題是他習慣，別人不一定習慣。同樣的道理，你以為「命運多舛」這個從《滕王閣序》裡學到的詞很簡單，那些沒念過《滕王閣序》的人都能聽懂嗎？只怕他們懂了，卻誤以為「命運多舛（ㄔㄨㄢˇ）」是一輩子氣喘。

了解了這個道理，除非你確定聽眾的程度跟你接近、與你「同行」或跟你「同一屆」，否則最好避免不通俗的詞彙，有時候你甚至得把自己最習慣的「專有名詞」改成一般人聽得懂的東西；如果非用「外文」不可，也得記得加個翻譯。

試想，別人「有聽沒有懂」，怎麼可能「心動」？

第七章　脫口秀離不開幽默

第七章　脫口秀離不開幽默

脫口秀之所以大行其道，一個重要的原因是幽默風趣，令聽到的人能解頤一笑。在著名的阿拉曼戰役前夕，邱吉爾召見了他的得力猛將蒙哥馬利將軍。在談話中，邱吉爾提議他應該研究一下邏輯。沙場勇士蒙哥馬利擔心自己會陷入糾纏不清的邏輯命題中，便找了個藉口推託。他對邱吉爾說：「首相先生，你知道，有這樣一句諺語：『了解和親昵會產生輕蔑。』也許我越是研究邏輯，便會越加輕視它。」

邱吉爾是個很幽默的人。他取下煙斗說：「不過我要提醒你，沒有一定程度的了解和親昵，什麼也不會產生出來的。」

邱吉爾脫口而出的幽默，真是妙趣橫生，讓人在發笑之餘忍不住琢磨，並且越琢磨越有味道。反之，就降格為插科打諢了，那種逗樂充其量不過是伸手到人腋下。

用玩笑來應付敵人，自然也是一種好戰法，但觸著之處，須是對手的致命傷，否則，玩笑終不過是一種單單的玩笑而已。——魯迅

我很懷疑世人是否曾體驗過幽默的重要性，或幽默對於改變我們整個文化生活的可能性——幽默在政治上，在學術上，在生活上的地位。它的機能與其說是物質上的，還不如說是化學上的。它改變了我們的思想和經驗的根本組織。我們須默認它在民族生活上的重要。——林語堂

熱烈的謾罵，嚴正的批評，都不能用，幽默先生就忙起來了。——張天翼

好的幽默並不只是讓你笑，還讓你哭呢！哭多了眼淚就會跌價，於是乎淚盡則喜，嬉笑之中仍然可以看到作者那莊嚴赤誠的靈魂。也許幽默的痛苦並不比痛苦的痛苦弱。——王蒙

美國的脫口秀高手

短短的一個句子，起承轉合間，就抖出了一個令人或莞爾或捧腹的包袱——輕鬆幽默的脫口秀節目，非常受美國民眾的歡迎。為數不少的美國人，不買報紙，不看新聞，不聽廣播，所接收到的資訊大都來自脫口秀。脫口秀無所不秀，好萊塢、華爾街、矽谷……但最鍾愛的，除了白宮，還是白宮。

著名的脫口秀主持人史蒂芬．荷伯（Stephen Colbert）到白宮參加一個晚宴，回來後這樣說：「這可能是我一生中最開心的一個週末了，我從來沒有跟這麼多出色的同行在一起過，滿滿一屋子差不多有兩千六百個！」他的話暗示了美國政客們的言行，和脫口秀主持人一樣滑稽可笑且精於表演。

美國大選是脫口秀主持人嘴裡永恆的焦點，候選人自然成了他們嘴裡的口香糖，愛怎麼嚼就怎麼嚼。西元一九三八年出生的麥肯一頭的白髮，如果成功入主白宮，將成為

第七章　脫口秀離不開幽默

美國歷史上以最高年齡當選總統的人。一個脫口秀主持人這樣調侃他：「早些日子，麥肯公布了自己的病歷卡的 1,200 頁——他的醫生稱之為『第一章』。」年齡偏大就偏大，轉著彎用 1,200 頁病歷來暗示，並且還只是「第一章」，有點刻薄，但更多的是幽默風趣。

人老了，牙齒自然會鬆動。於是，有主持人這樣揶揄麥肯：「麥肯的老婆扭傷了腕關節。醫生說，她並沒有遇到什麼嚴重的意外事故，只不過是在替麥肯把肉切成很小很細的肉片時受傷的。」

麥肯的競爭對手歐巴馬年輕俊朗，人氣極旺。這令麥肯非常鬱悶。為了化解歐巴馬超強的人氣，麥肯在競選廣告中把歐巴馬說成跟好萊塢當紅女星希爾頓、布蘭妮一樣，是個愛出風頭、華而不實的「八卦」人物。但麥肯這一招似乎沒有什麼效果，反而遭到了脫口秀的嘲弄。「如你所知，麥肯陣營一直攻擊歐巴馬並把歐巴馬跟好萊塢那些傢伙相提並論；眾所周知，他們共和黨人從來不能忍受好萊塢的人從政——除了羅納德·雷根（Ronald Reagan）、佛瑞德·湯普森（Fred Thompson）、阿諾·史瓦辛格（Arnold Schwarzenegger）、克林·伊斯威特（Clint Eastwood）……」作為共和黨的候選人，麥肯吃的這計悶棍無處訴苦。

緊接著，被麥肯當成反面例子的希爾頓也跳了出來，客串了一回脫口秀主持人。她製作了一段影片廣告，影片中的她穿著豹紋比基尼泳裝悠閒躺在椅子上，對著鏡頭聲稱要跟麥肯這個「來自遠古時代」的「白髮老頭兒」競選總統，還要把白宮「刷成粉紅色」。她的影片從頭到尾都令人捧腹不已，其幽默風趣不輸給任何一位脫口秀主持人，把一個「八〇後」小妖精的形象展現得淋漓盡致。

也許是看到布希父子皆總統，柯林頓的妻子希拉蕊也想來個「夫妻雙雙把家還」，意欲在其夫成為總統之後，自己再榮登總統寶座。但是，比較遺憾的是，在民主黨初選中她就輸給了歐巴馬，失去了決賽的資格。打了敗仗的希拉蕊退而求其次，多次或明或暗表示：願意接受副總統提名。

希拉蕊的副總統的期望，到了脫口秀高手們的嘴裡，就被糟蹋成這幅模樣：「但是據說，歐巴馬不會選希拉蕊做自己的副總統候選人，雖然他的副總統候選人仍將是位女性。希拉蕊的一名超級『粉絲』聽後表示，這實在令人難以接受，難道還有比希拉蕊更好的女人嗎？比爾·柯林頓（Bill Clinton）忽然冒出來說，誰說沒有？」柯林頓的「拉鍊門」事件，曾經讓脫口秀的主持們像過節一樣興奮了好久，後來漸漸歸於平靜，這次因為老婆競選又被舊事重提，真是哪壺不開提哪壺！

歐巴馬耍嘴皮子，絲毫不遜於那些脫口秀主持人。在西元二〇〇九年五月白宮記者協會舉行的年度晚宴上，這位民主黨總統沒有忘記拿共和黨「尋開心」。談到不在晚宴現場的前副總統錢尼（共和黨），歐巴馬說：「錢尼現在每天忙得不可開交，忙著寫他的回憶錄呢。而這本書的名字大概就叫做：如何槍擊朋友和審訊犯人。」錢尼曾在一次打獵中開槍誤傷朋友，他當時以為打中一隻鵪鶉；錢尼還提倡在審問恐怖嫌疑人時對犯人用刑——這些後來都成為人們取笑的把柄。

幽默交友最為融洽

要找到志同道合的朋友並不是一件容易的事情。交友難，其實難就難在交友的方法上，幽默交友不失為一種有效的方法。陌生的朋友見面，如果幽默一點，氣氛將變得活躍，交流會更順暢。

著名國畫大師張大千與著名京劇藝術大師梅蘭芳神交已久，相互敬慕。在一次張大千舉行的送行宴會上，張大千向梅蘭芳敬酒，出其不意說道：

「梅先生，您是君子，我是小人，我先敬您一杯！」

眾人先是一愣，梅蘭芳也不解其意，忙問：「此語做何解釋？」

張大千朗聲答道：「您是君子——動口，我是小人——動手！」

張大千機智幽默，一語雙關，引來滿堂喝彩，梅蘭芳更是樂不可支，把酒一飲而盡。

大多數人都有廣交朋友的心，苦的是沒有行之有效的方法，如果我們能像張大千一樣，注意感受生活，勤於思考，有一天我們也會變得和他一樣幽默風趣，到那時候，對我們來說世界就不再是陌生的了，因為陌生人也會樂意成為我們的朋友。

朋友間的幽默，方式很多，只要「幽」得開心，「默」得可樂就可以了。

法國作家小仲馬有個朋友的劇本上演了，朋友邀小仲馬同去觀看。小仲馬坐在最前面，總是回頭數：「一個，兩個，三個……」

「你在幹什麼？」朋友問。

「我在替你數打瞌睡的人。」小仲馬風趣說。

後來，小仲馬的《茶花女》公演了。他便邀朋友同來看自己劇本的演出。這次，那個朋友也回過頭來找打瞌睡的人，好不容易終於也找到一個，說：「今晚也有人打瞌睡呀！」小仲馬看了看打瞌睡的人，說：「你不認識這個人嗎？他是上一次看你的戲睡著的，至今還沒醒呢！」

小仲馬與朋友之間的幽默是建立在一種真誠的友誼的基礎之上的，丟掉虛假的客套更能增進朋友之間的友誼。可見，交朋友要以誠為本。朋友之間要以誠相待，互相關心，互相尊重，互相幫助，互相理解。愛人者人恒愛之；敬人者人恒敬之。關心別人，才會得到別人的關心；尊重別人，才會得到別人的尊重；幫助別人，才會得到別人的幫助；理解別人，才能得到別人的理解。

掌握了幽默的交友技巧，我們的朋友就會遍布天下，陌生人會變成新朋友，更多的新朋友將變成老朋友。面對老朋友，我們將是沒有隔膜，無話不談了：過去的趣事、將來的打算、工作中的得意、家庭裡的煩惱都可和朋友一起分享。

搭訕女孩並不難

初諳世事的男孩子總希望與自己身邊漂亮的女孩相識、交往，但許多人連相識這一關都過不了。許多男孩切身感到，與女孩搭訕所面臨的最大困難就是初次交流的語言問題。即使是平日善於言辭的人，在面對異性時也有犯愁的時候。這大概跟緊張有關。心理學研究表明，緊張的情緒會導致大腦思維停滯，而外在的語言必然要受到此種思維狀態的影響。有人也許會說，你不緊張不就可以嗎？而實際上，不緊張是不可能的，這就是人的心理難以逾越的障礙。這種情況下，有經驗的男孩常巧妙借用幽默達到搭訕並使交談得體、順暢。

那麼，在這種情勢下如何使用幽默呢？首先存在一個勇氣問題，不能被漂亮女孩的傲氣嚇得手足無措，要盡量保持一顆平常的心，把她看作很普通的一個人，走近她，和她搭話。然後，盡可能利用一切可見的情景，可捕捉到的任何一絲線索幽默一下，跟她開個玩笑。俗話說：「笑了，事情就好辦了。」如果她肯捧出嫵媚的笑容，那下一步就容易了。

一位大學男生看上了藝術系一位漂亮女孩，但卻不知道她的名字，也一直苦惱沒有機會與她搭訕、接觸。有一次，機會終於來了，他看見那位女孩在圖書館吃速食麵，而她身邊的座位空著。男生毫不遲疑坐到身邊，鼓足勇氣看著她，心跳得很厲害。男生想和她搭訕、問好，卻不知說什麼好，就只好問名字了。他有點緊張向這位女孩開口問道：「經常在校園見你，請問你叫什麼名字？」那女孩很「無辜」抬頭看著他，說：「我叫速食麵啊！」她顯然不想報上真名，但這位同學沒有氣餒，他紅著臉，「噢」了一聲，靈機一動，道：「真巧，我叫白開水，專門泡你的。」女孩「撲哧」笑了，臉上露出桃花般豔麗的笑容。後來，這位「白開水」真的「泡」了「速食麵」，這就是幽默的奇異效果。

第七章　脫口秀離不開幽默

與女孩子第一次接觸時，許多男孩子最慣用的辦法是預先設計的程序、語言；有些甚至提前準備一張紙條，見面之後塞給對方了事。這種辦法在多數情況下效果並不理想，因為我們根本就無法預知實際的情形；在怎樣的場合還會有誰在場，女孩會是什麼態度、說什麼話等。而幽默的使用是不需要預先設定的，它總是敏感捕捉現場資訊，並引而申之，產生幽默效果，逗對方發笑。

帶著一顆準備使用幽默的心走近女孩，也容易使緊張的心情在幽默的意念下有所沖淡、有所鬆弛。最重要的是，幽默常常與一個人成熟的氣度、寬廣的胸懷、豐富的知識和閱歷相關，幽默既調節氣氛，又向女孩展露了自己的人格魅力，使自己更具打動芳心的力量，所以，青年朋友們在涉足愛河之初，最好先訓練一下自己的幽默才能，這與打扮自己同等重要。

用語言澆灌愛情之花

在追求愛情的道路上，口才好的人占了先機。他們更懂得如何用語言來打動對方，來取悅對方，從而贏得對方的青睞。

一個普通的年輕軍官，在一次酒會上看中了一個美麗的女孩。酒會結束後，軍官請求這位女孩讓他送她回家。女孩答應了，坐上了軍官的車。

軍官問了女孩的住址後，就發動車子上路。他們的車在小城的街上轉悠了一個多小時，才終於把女孩送到家。其實，女孩的家就在附近不遠，只需要十多分鐘車程。

下車時，女孩隨口問：「你來這裡不很久吧？對於這個城市的路，你好像還很陌生。」「不，我對這個城市的路非常熟悉。如果我不熟悉，怎麼能夠開一個多小時的車，卻一次也沒有經過你家的門口呢？」軍官微笑著說。

多麼巧妙而又聰明的求愛暗示！清晰傳遞出了一見傾心的愛慕，卻婉轉沒有絲毫唐突、圓滑得沒有半點生硬。要對這樣的人不產生好感，真是很困難。

這位美麗的女孩，後來嫁給了那位軍官。那位軍官，後來成為美國赫赫有名的五星上將。他的名字叫：喬治．馬歇爾（George Marshall）。

於千萬人之中，遇見你所要遇見的人。於千萬年之中，於時間的無涯的荒野裡，沒有早一步，也沒有晚一步，剛巧趕上了！

親情是一種深度，友情是一種廣度，而愛情則是一種純度。親情是一種沒有條件、不求回報的陽光沐浴；友情是一種浩蕩宏大、可以隨時安然棲息的理解堤岸；而愛情則是一種神祕無邊、可以歌至忘情、淚至瀟灑的心靈照耀。

誰不渴望家庭和睦？對於家庭本身就和睦的人來說，正是因為他們一家對於家庭和睦的渴望，才努力經營與打造出和睦的家庭氣氛。而對於家庭不和睦的人來說，沒有人比他們更加渴望家庭的和睦了——從來就沒有人為了不和睦的目標而組建家庭，他們一家的不和睦只是因為不懂得如何去達到和睦。

在一次駕車外出途中，一對夫妻吵了一架，他們誰都不願意先開口說話。最後，實在無法忍受寂寞的丈夫指著遠處農莊中的一頭驢說：「你老是緊閉著嘴巴，難道和牠有親屬關係嗎？」妻子答道：「有的，夫妻關係。」接下來的情節，不用多說，相信讀者也能想像得到。

但願人長久，千里共嬋娟。口才好的人不僅能夠抱得美人歸，還能在「歸」後把小日子過得和和美美。毫無疑問，一個和睦的家庭，離不開夫妻兩人正確的溝通交流方式。有誰願意整日和一個不太說話、說錯話、說胡話的人在一起生活呢？

一個已婚婦女在房間裡東翻西找，坐在沙發上看電視的丈夫在沉默了一個世紀後，終於開了金口：「在找什麼呢？」太太隨口回了一句：「我在找你的話，我好久沒有聽到了，你知道它藏在哪裡嗎？」

太太不是真的在找丟失的話，她只是借題發揮一下而已。她的回答，既幽默又讓人聽了心疼。但願她的丈夫也會有這樣的感覺，並有所改正。否則，一個沉悶的家庭是多麼的無聊、無趣甚至無情。

其實，女人要想贏得男人的愛，也離不開良好的口才。在對溝通與交流的需求面前，男女是平等的。

活躍交談氣氛的絕招

當氣氛陷入呆滯時，如何讓生澀的溝通再次順暢？

在一次有關產品開發方向的會議中，火暴的爭論之後，突然出現沒有人發言而陷入冷場的僵局，主持會議的王經理忙說了一句：「怎麼突然停電了？」短暫「停電」的各位與會人員聽了，皆莞爾一笑，之後繼續各抒己見。

幽默是活躍談話氣氛的法寶，它能博得眾人的歡笑。人們在捧腹大笑之際，超脫了習慣、規則的界限，享受不受束縛的「自由」和解除規律的「輕鬆」，接下來的溝通自然會輕鬆愉快。

很多時候，那些畢恭畢敬的夫妻未必就沒有矛盾，而平日吵吵鬧鬧的戀人可能會更親熱。社交也是如此，若彼此談得開心，開句玩笑，互相攻擊幾句，打一拳、拍兩下，反倒顯得親密無間、無拘無束。

和朋友久別重逢後不免寒暄一番，你完全可以藉此幽默一把。例如見到一個戴了帽子的朋友，你可以用羨慕的口氣對他說：「老兄你真的是帽子向前，不比往年啊。」輕鬆幽默的高帽子立刻使整個氣氛變得異常活躍，友情會加深一層。

社交需要莊重，但長時間保持莊重氣氛就會使人精神緊張。寓莊於諧的交談方式比較自由也比較輕鬆，在許多場合都可以使用。用幽默、詼諧的語言，同樣可以表達較重要的內容。

交談中，不時穿插一些意想不到的、貌似荒謬而實則有意義的問題，是很好的一種活躍氣氛的形式。那些一本正經的人會給人古板、單調、乏味的感覺，也會把交談變得索然無味。也許會有人時常問你一些荒謬的問題，如果你直斥對方荒謬，或不屑一顧，不僅會破壞交談氣氛、人際關係，而且會被人認為缺乏幽默感。因此，答非所問，是一個極好解決這類問題的辦法。

在相聲裡，懸念是相聲大師的「包袱」。交談中有意製造懸念，會使人更加關注你的一舉一動。當大家精力集中、全神貫注時，你抖開「包袱」，讓人們發覺這是一場虛驚，大家都會付之一笑，報以掌聲。

運用反話正說的方法，重要的一點在於處理好一反一正的關係。在交談中，準備對對方進行否定時，卻先來一個肯定，也就是在表達形式上，好像是肯定的，但在肯定的形式中巧妙蘊藏著否定的內容。正說時要一本正經，煞有介事，使對方產生聽下去的興趣。然後，再以肯定的形式抖出反話的內容，與原先說的正話形成強烈的對比，從而產生鮮明的諷刺意味，讓人信以為真，增加談話的效果。

反話正說能引人入勝，正話反說也很意味深長。正話反說，就是對某一話題不作直接的回答或闡述，卻有意另闢蹊徑，從反面來說，使它和正話正說殊途而同歸。這樣便可以避免正面衝突，含蓄委婉，人情人理，收到一種出奇制勝的勸諭和諷刺效果。有時正話反說的曲折手法，可使人們在輕鬆的情境中相互溝通，使緊張的局面得到緩解。

最穩妥的是拿自己尋開心

自嘲也就是自我解嘲，顧名思義就是自己嘲諷自己，自己調侃自己。它能製造寬鬆和諧的交談氣氛，能使自己活得輕鬆灑脫，使人感到你的可愛和人情味，從而改變對你的看法。

自嘲就是要拿自身的失誤、不足甚至生理缺陷來「尋開心」，對醜處不予遮掩，反而把它放大、誇張、剖析，然後巧妙引申發揮、自圓其說，博得一笑。一個人如果沒有豁達、樂觀、超脫、調侃的心態和胸懷，是無法做到的。自以為是、斤斤計較、尖酸刻薄的人更是難以望其項背。

美國一位身材肥胖的女士曾經這樣自我解嘲：「有一次我穿上白色的泳裝在大海裡游泳，結果引來了蘇聯的轟炸機，以為發現了美國的軍艦。」引起聽眾哈哈大笑。結果，肥胖成為她的特點，使她在社交中處於優勢。在交談中，適時適度「自嘲」，調侃一下自己往往會收到妙趣橫生、意味深長的效果。

自嘲不傷害任何人，因而最為安全。你可用它來活躍氣氛，消除緊張；在尷尬中自找臺階，保住面子；在公共場合表現得更有人情味。總之，在社交場合中，自嘲是不可多得的靈丹妙藥，別的招不靈時，不妨拿自己來尋開心，至少自己罵自己是安全的，除非你指桑罵槐，一般不會討人嫌，智者的金科玉律便是：不論你想笑別人怎樣，先笑你自己。

有時，一個人陷入難堪是由於自身的客觀原因造成的，如外貌的缺陷、家鄉口音濃厚等等，自信的人能較好維護自尊，自卑的人往往陷入難堪。對影響自身形象的種種不足之處大膽巧妙加以自嘲，能出人意料展示你的自信，在迅速擺脫窘境的同時顯示你瀟灑不羈的口才魅力。如一個長得太矮的人，可以仰頭問問身邊的人「上面的空氣好不好？」禿頂可以說自己是「秀髮去無蹤，頭屑更出眾！」

有一條不成文的規定說，能笑自己的人有權開別人的玩笑。所以，幽默大師都是首先拿自己尋開心的。美國的赫伯·特魯（Herb True）在《幽默的人生》一書中把自我解嘲列入最高層次的幽默。特魯是研究幽默的大師，他就主張要多以自己為幽默對象，按他的說法是「笑話自己」。一個演員曾經這樣說：「我是一個謙遜的人，因為我擁有許多讓自己謙遜的事。」一正一反，令聽的人不僅莞爾。

運用這種方法，在生活中的各種場合，我們都可以發現笑料，引出笑聲，為人們解除愁悶和緊張。長此以往，你就能獲得一種幽默智慧，能夠承受各種既成事實，更有信心去努力改善現狀，也能夠增加自己的親和力。

威廉對公司董事長非常反感，他在一次公司職員聚會上，突然問董事長：「先生，你剛才那麼得意，是不是因為當了公司董事長？」

這位董事長立刻回答說：「是的，我得意是因為我當了董事長，這樣就可以實現年輕時的夢想，和董事長夫人同床共枕。」

董事長敏捷接過威廉取笑自己的目標，讓它對準自己，於是他獲得了一片笑聲，連發難的人也忍不住笑了。

幽默一直被人們認為是只有聰明人才能駕馭的藝術，而自嘲又被認為是幽默的最高境界。由此可見，能自嘲的人必然是智者中的智者，高手中的高手。因此，如果說幽默是人頭頂上的王冠，那麼自嘲就是王冠上鑲嵌的明珠。

第八章　飯局酒席如何談笑風生

第八章　飯局酒席如何談笑風生

身為一個社會人，難免有這樣那樣的應酬，托關係找人辦事要請客，三朋四友聚一起要吃飯，都離不開飯局酒席。中國人自古都講禮儀，不像西方人，吃飯多是自助餐，AA制，大家好比在公司食堂，可以和你坐一起進餐，但吃完飯各付各的錢，吃飯就是吃飯，不附帶其他內容。而中國人吃飯還有其他功能，比喻說聯絡感情啦，拉近關係啦，甚至於談工作、找對象都可以借吃飯這種活動來完成。

在飯局、酒桌上談笑風生的人，不僅能借應酬敲定一些工作與生活上的問題，還可以藉此提高個人的影響力。而那些坐在角落一言不發，或者胡言亂語的人，要麼成為默默無聞者，要麼成為大家所鄙夷的對象。

交淺而言深者，愚也；在賤而望貴者，惑也；未信而納忠者，謗也。——范曄

靜坐常思己過，閒談莫論人非。——《增廣賢文》

言不貴文，貴於當而已，當則文。——程頤

凡與人議論，務要色和詞暢，非臨時可勉強，大抵養定者色自和，理定者詞自暢，義理雖是，而誠意未著，亦未能動人。——張岳

語言最能暴露一個人，只要你說話，我就能了解你。——班．強生（Ben Jonson）【美國】

談話對各種年齡的人都有其樂趣，是很合理的消遣；但是，無知者的談話就不算是一種「談話」，不能給人們以任何樂趣。——吉斯特菲爾伯爵【英國】

酒桌上如何說話

談起喝酒，幾乎所有的人都有過切身體會，因為「酒文化」是一個既古老而又新鮮的話題。「酒精考驗」的國人，已經越來越多發現了酒的作用。

的確，酒作為一種交際媒介，迎賓送客，朋友聚會，彼此溝通，傳遞友情，發揮了獨到的作用。所以，我們完全有必要探索一下酒桌上的「奧妙」。

眾歡同樂，切忌私語

多數酒宴賓客都較多，所以應盡量多談論一些大部分人能夠參與的話題，得到多數人的認同。因為個人的興趣愛好、知識面不同，所以話題盡量不要太偏，避免唯我獨尊、天南海北、神侃無邊，出現跑題現象，忽略了眾人。

特別是盡量不要與人貼耳小聲私語，給別人一種神祕感，往往會產生「就你們好」的嫉妒心理，影響喝酒的效果。

瞄準賓主，控制大局

大多數酒宴都有一個主題，也就是喝酒的目的。赴宴時首先應環視一下各位的神態表情，分清主次，不要單純為了喝酒而喝酒，從而失去交友的好機會，更不要讓某些嘩眾取寵的酒徒攪亂東道主的意思。

語言得當，詼諧幽默

酒桌上可以顯示出一個人的才華、學識、修養和交際風度，有時，一句詼諧幽默的語言會給別人留下很深的印象，使人無形中對你產生好感。所以應該知道，什麼時候該說什麼話、語言得當、詼諧幽默很關鍵。

勸酒適度，切莫強求

在酒桌上往往會遇到勸酒的現象，有的人總喜歡把酒場當戰場，想方設法勸別人多喝幾杯，認為不喝到量就是不實在。

「以酒論英雄」，對酒量大的人還可以，那些酒量小的人可就犯難了，有時過分勸酒，會將原有的朋友感情完全破壞。

敬酒有序，主次分明

敬酒也是一門學問。一般情況下，敬酒應以年齡大小、職位高低、賓主身分為序，敬酒前一定要充分考慮好敬酒的順序，分明主次。即使與不熟悉的人在一起喝酒，也要先打聽一下對方身分，或是留意別人如何稱呼，這一點心中要有數，避免尷尬或傷感情。

敬酒時一定要控制好敬酒的順序。有求於席上的某位客人，對他自然要倍加恭敬，但是要注意：如果在場有更高身分或年長的人，則不應只對能幫你忙的人畢恭畢敬，也要先給尊者長者敬酒，不然會使大家都很難為情。

察言觀色，了解人心

要想在酒桌上得到大家的讚賞，就必須學會察言觀色。因為與人交際就要了解人的內心，左右逢源，才能演好酒桌上的角色。

鋒芒漸射，穩坐泰山

酒席宴上要看清場合，正確估價自己的實力，不要太衝動，盡量保留一些酒力和說話的分寸，既不讓別人小看自己，又不要過分表露自身，選擇適當的機會，逐漸放射自己的鋒芒，才能穩坐泰山，不致給別人產生「就這點能力」的想法，使大家不敢低估你的實力。

避免以自己為話題中心

人們最感興趣的就是談論自己的事情，對於那些與自己毫無相關的事情，多數人會覺得索然無味。對你來說是最有趣的事情，常常不僅很難引起別人的共鳴，甚至還會讓人覺得可笑。

年輕的母親會熱情對人說道：我的寶寶會叫「媽媽」了，她這時的心情是很高興，甚至語無倫次，可是，旁人聽了會和她一樣高興嗎？誰家的孩子不會叫媽媽呢？你可不要為此而大驚小怪，這是很正常的事情，如果孩子不會叫媽媽才怪呢。所以，在你看來是充滿了喜悅的事，別人不一定會有同感。

竭力忘記你自己，不要老是嚷嚷，談你個人的事情，你的孩子，你的生活，以及其他的事情。人人最喜歡的都是自己最熟知的事情，那麼，在交際上你就可以明白別人的弱點，而盡量去引導別人說他自己的事情，這是使對方高興的最好方法。你以充滿了同情和熱誠的心去聽他敘述，你一定會給對方留下最佳的印象，並且他會熱情歡迎你，熱情接待你。

在談論自己的事情時，和人家較真或與人爭辯等，都是不明智的表現。但還有一樣最不好的，就是在別人面前誇耀自己，在一切不利於自己的行為中，再也沒有比張揚自己更愚笨了。

例如，你對別人說，「那一次他們的糾紛，如果不是我給他們解決了，不知要弄到怎樣，你們要知道，他們把任何人都不放在眼裡，不過當著我面前，就不敢妄動了。」即使這次的糾紛，的確因為你的排解而得到解決，可是你只說一句：「當時我恰巧在場，就替他們排解了」的話，不是更使人敬佩？這一件值得稱讚的事情被人發覺之後，人們自然會崇敬你的，但如果你自己誇張敘述出來，所得到的效果恰恰相反，人們自然會認為你在自吹自擂，大家聽了你的自我誇耀，反而會輕視你。

祝賀的話怎麼說

在飯局酒桌上，很多時候我們難免要說幾句祝賀的話。透過祝賀表達你對對方的理解、支持、關心、鼓勵和祝願，以抒發情懷、增進友誼。

從語言的表達形式看，祝賀詞可以分為祝詞和賀詞兩大類，祝詞是指對尚未實現的活動、事件、功業表示良好的祝願和祝福之意；賀詞則是指對於已完成的事件、業績表示慶賀的祝頌。

一般來說，祝賀總是針對喜慶意義的事，因此，不應說不吉利的話和使人傷心不快的話，應多講一些吉利、歡快的話，使人快慰和感動。祝賀詞要注意以下幾點。

- **情景性**：祝賀總是在特定的情景下進行的，因此一定要考慮到特定的環境、特定的對象、特定的目的，使之具有明確的針對性，絕不能離開情景瞎說。
- **情感性**：祝賀語要達到抒發感情、增進友誼的目的，必須有較強的鼓動性與感染力，因此要求語言富有感情色彩，語氣、語調、表情、姿態等都要有濃烈的感情色彩。大多數成功的祝詞本身就是一篇短小精悍的抒情演講。
- **簡括性**：祝賀詞同樣可以事先做些準備，但多數是針對現場實際有感而發，講完即止，切忌旁徵博引，東拉西扯。語言要明快熱情、簡潔有力，才能產生強烈的感染力。有些祝詞、賀詞可以進行由此及彼的聯想，由景生情的發揮，但必須緊扣中心，點到為止，才能給聽眾留下咀嚼回味的餘地。

．**禮節性**：祝賀詞既然是在喜慶場合發表，就要格外注意禮節。一般都需要站立發言，稱呼要恰當。不要看稿子，雙目要根據講話的內容，時而目視致禮於祝賀的對象，時而含笑環視其他的聽眾。要與聽者作感情的交流，還可以用鼓掌、致敬等肢體動作，加強與聽眾心靈的溝通，以增強表達效果。

其實，喜慶活動本身就很講究禮儀，致詞「祝賀」只是其中一個環節，要適時穿插進去。例如：

祝酒。在飲第一杯酒之前，主人要致祝酒詞。祝酒詞內容要圍繞此次邀請的主旨，一般包括：感謝來賓光臨酒宴；闡明宴請的目的；對未來的美好祝願。話語一定要簡短，最好要有點幽默感，要能夠使人歡愉、使人快慰、使人感奮。為此，辭藻可稍加修飾，但不要矯揉造作。致祝酒詞時一定要起立，致詞後與客人們輕輕碰杯，然後乾杯。

賀婚。賀婚詞的內容一般包括三部分：對新郎新娘的幸福結合表示祝賀；對新郎新娘的愛情加以讚頌或介紹有關趣事；對他們的美好未來真誠祝願。語言宜簡潔優美而富有熱情。

怎樣開玩笑

在應酬中，開個得體的玩笑可以鬆弛神經、活躍氣氛，創造出一個適於交際的輕鬆愉快的氛圍。但是，玩笑開得不好則適得其反，傷害感情。因此開玩笑要掌握好分寸。

內容要高雅

笑料的內容取決於開玩笑者的思想情趣與文化修養。內容健康、格調高雅的笑料，不僅給對方以啟迪和精神的享受，也是對自己美好形象的有力塑造。鋼琴家波奇一次演奏時，發現全場有一半座位空著，他對聽眾說：「朋友們，我發現這個城市的人們都很有錢，我看到你們每個人都買了兩三個座位的票。」半屋子聽眾放聲大笑。

態度要友善

與人為善，是開玩笑的一個原則。開玩笑的過程，是感情互相交流傳遞的過程。如果借著開玩笑對別人冷嘲熱諷，發洩內心厭惡、不滿的感情，也許有些人不如你口齒伶俐，表面上你占到上風，但別人會認為你不尊重他人，從而不願與你交往。

行為要適度

開玩笑除了可借助語言外，有時也可以透過行為動作來逗人發笑。但行為要適度，以免傷害朋友間的感情，適得其反。

對象要區別

同樣一個玩笑能對甲開，不一定能對乙開。人的身分、性格、心情不同，對玩笑的承受能力也不同。

一般來說，後輩不宜與前輩開玩笑，下級不宜與上級開玩笑，男性不宜與女性開玩笑。在同輩人之間開玩笑，要掌握對方的性格特徵與情緒資訊。

對方性格外向，能寬容忍耐，玩笑稍微過大也能得到諒解；對方性格內向，喜歡琢磨言外之意，開玩笑就應慎重；對方儘管平時生性開朗，但恰好碰上不愉快或者傷心事，就不能隨便與之開玩笑；相反，對方性格內向，但正好喜事臨門，此時與他開個玩笑，效果會出乎意料的好。

場合要分清

開玩笑要分清場合。整體來說，在莊重嚴肅的場合不宜開玩笑，否則極易引起誤會。

忌諱要留意

和長輩、晚輩開玩笑忌輕佻放肆，特別忌談男女事情。長輩與晚輩同堂時的玩笑要高雅、機智、幽默、解頤助興、樂在其中。在這種場合，忌談男女風流韻事。當有人開這方面玩笑時，自己以長輩或晚輩身分在場時，最好不要插嘴，只要若無其事旁聽就好。

和非血緣關係的異性單獨相處時忌開玩笑。哪怕是正經的玩笑，也往往會引起對方的反感，或者會引起旁人的猜測非議。

和身心障礙者開玩笑時，注意避諱。人人都忌諱別人用自己的短處開玩笑，身心障礙者尤其如此。俗話說，不要當著和尚罵禿頭，癩子面前不談燈泡。

朋友陪別人談話時，忌和朋友開玩笑。他們已有共同的話題，已經釀成和諧融洽的氣氛，如果你突然介入與之玩笑，就會轉移他們的注意力，打斷他們的話題，破壞他們談話的雅興。

活躍氣氛十絕招

如果你想在聚會中給別人一個好的印象，就應該巧用精彩的語言活躍氣氛。無論是主人還是客人，都有責任把聚會氣氛搞得輕鬆活潑。當你跨進大廳，千萬不要讓冰霜結在臉上，須知一個面帶愁容的人絕不會受人歡迎的。所以最好是神態自若。神態自若是難得的心理平衡的體現，它包含有嘲笑自己的勇氣和對別人的寬容與真誠。

大家歡聚一堂，為了讓場面活躍，你不妨運用以下幾招來「秀」一把自己。

· **善意的惡作劇**：有分寸、善意取笑別人並不是壞事。善意的惡作劇具有出人意料的效果，它能導致眾人的歡笑。人們在捧腹大笑之際，超脫了習慣、規則的界限，享受不受束縛的「自由」和解除規律的「輕鬆」。

· **帶些小道具**：朋友相聚，也許在初見面時因打不開局面陷於窘境，也許在中間出現冷場。這時，你隨身攜帶的小道具便可發揮作用。一個精緻的鑰匙鏈可能引發一大堆話題；一把扇子，既可用遮陽光，又可在上面題詩作畫，也可喚起大家特殊的興趣。小道具的妙用不可小瞧。

．**引發共鳴**：成功的社交應是眾人暢所欲言，各自都表現出最佳的才能，做出最精彩的表演，最忌一個人唱獨角戲，大家當聽眾。為達到這一目的，就必須尋找能引起大家最廣泛共鳴的內容。有共同的感受，彼此間才可各抒己見，相互交流看法，氣氛才會熱烈。所以，你若是社交活動的主持人，一定要把活動的內容與參加者的好惡、最關心的話題、最擅長的拿手好戲等因素連繫起來，以免出現冷場。

．**自我解嘲**：人活在世間，都難免遇到一些難堪的、痛苦的事，如果不能及時調整情緒、沉著應對，就容易陷入其中還不能自拔，甚至能做出一些可能後悔一輩子的蠢事。這時，如果採取恰當的自我嘲諷，不但能讓自己在心理上得到安慰，更可能使困難消弭於無形。

．**怪問怪答**：怪問怪答看似有些荒謬，實則蘊藏著很深的玄機。在交談時可以起到活躍氣氛、化解僵局的作用。如有人故意問你一個很怪異的問題，而你若直指對方無理取鬧可能就正好鑽進了對方的「套」裡，不妨也幽默一把，回敬對方一個古怪而好笑的回答，往往會收到意想不到的效果。

．**誇張的讚美**：誰都愛聽讚美的話，所以多讚美別人總沒有壞處。而在一些特定的場合，讚美別人的力度也可以大一些。所謂的誇張讚美，並不是說一味迎合奉承，而是要發自內心，對別人某一突出亮點大贊特贊，將會使交談氣氛立即活躍起來。

．**寓莊於諧**：莊重與詼諧本不矛盾。在莊重的場合，適時適度講一些詼諧但不低俗的內容，往往會產生「奇效」。

．**製造懸念**：每個人都有一顆好奇的心，如果講話時先拋出一個懸念，吊足了聽者的胃口，再在火候到了的時候解開謎團，會令對方更加嘆服。正所謂「柳暗花明」嘛！

眾人皆醉我獨醒

酒已成為商業交際的一種媒介。在複雜的商業往來之中，除了正式宴請或交易之外，難保不會有「陷阱」存在，使醉眼蒙嚨的人吃虧上當。

然而，人性使然，所謂「不飲鬥酒」「不飲連席酒」或承認自己醉了，都是很難做到的。所以，了解一些判斷自己或別人醉到什麼程度的方法是相當必要的，否則有可能慘遭「美人計」或「仙人跳」、「偷窮調包」等。

大致上，喝到指頭動作稍有笨拙是輕微的醉感；說話聲音大，意氣昂揚，是較進一步的醉意；有睡意，輕微的腳步不穩，則再深一層；話多，用打火機時不靈活，不能一人走路，有人攙扶時也歪歪斜斜的，則是更深一層；語言不清，一句話反覆不已，容易笑也容易哭，則醉得更深；動作遲鈍，言語含糊不清，搖晃後會嘔吐和打盹，已是大醉；在任何地點都會睡倒，則是處於爛醉狀態。

酒不醉人人自醉，喝酒最可怕的還是酒色財氣齊集。遇上這一類的場合應酬，千萬要有原則——隨時保持神志清醒，了解自己是為了交際應酬而到此一遊。

酒喝多了勞形傷身。學會一點卻酒的藝術，在日常交際中是十分必要的。下面試舉幾例，供各位參考。

．**針對後果卻酒，智在前車之鑑**：飲酒當然應是喝好而不喝倒，讓人乘興而來、盡興而歸。那種不顧實際的勸酒風，說到底也不過是以把人喝倒為目的，此乃勸酒之大忌。當酒已喝到一半量時，應向東道主或勸酒者說明情況。如：「感謝你對我的一片盛情，我原本只能喝三兩酒，今天因喝得格外稱心，多貪了幾杯，再喝就『不對勁』了，還望你能體諒。」如此開脫以後，就再也不要喝了。運用這種實實在在說明後果和隱患的卻酒術，只要勸酒者明白「樂極生悲」的道理，善解人意，就會見好就收。

・**滿面笑容卻酒，智在以柔克剛**：有不少人發現，相當多的「酒精（久經）考驗」的拒酒者，任憑你天花亂墜勸，他只是笑眯眯頻頻舉杯而不飲，而且振振有詞。張某喬遷之日，特邀親朋祝賀。小李也在其中，然而小李平素很少飲酒，且酒量「不堪一擊」。酒宴上，小王提議和小李單獨「意思」一下，小李深知自己酒量深淺，忙起身，一個勁扮笑臉，說圓場話：「酒不在多，喝好就行。」「經常見面，不必客氣。」「你看我喝得滿面紅光，全托你的福，實在是……」結果也使小王無可奈何。

・**反守為攻卻酒，智在後發制人**：反守為攻，意即先不動聲色，靜聽其言，等待時機；一旦時機成熟，抓住對方言辭中的「突破口」，以此切入，反守為攻，使對方無法爭辯，從而卻酒。劉某新婚大喜之日，當酒宴進入高潮時，某「酒仙」似醉非醉、侃侃而談，請三位上座的來賓一起一人「吹」一瓶。面對「酒仙」言辭上的咄咄逼人，三位來賓中的一人站起來說：「我想請教你一個問題，『三人行，必有我師』，這是不是孔子的話？」「酒仙」隨即答：「是的。」來賓見其已入「圈套」，便說：「既然聖人說『三人行，必有我師』，你又提議要我們三人一起喝，你現在就是我們三位最好的老師，請你先示範一瓶，怎麼樣？」這突如其來的一擊，逼得

「酒仙」束手無策，無言以對，只能解除「酒令」。

．此番卻酒，妙就妙在某來賓不動聲色，靜聽其言，然後抓住「酒仙」言辭中的切入點提出問題，悄悄布下「圈套」，誘使其說出（或同意）與自己相似的觀點，請君入甕，隨即收攏「圈套」，以「諾」攻「諾」，反戈一擊，達到制勝卻酒的目的。

．**突出事實卻酒，智在申明情況**：事實勝於雄辯，無懈可擊。拒酒時若能突出事實，申明實際情況，再配上得體的語言，能令勸酒者也無可奈何。A君參加一個生日宴會，B君好久未和A君相逢，提出要和A君痛飲三杯。A君說：「你的厚意我領了，遺憾的是我最近一段時間身體不適，正在吃藥，好久滴酒不沾，只好請你多關照。好在來日方長，後會有期，日後我一定與你一醉方休，好嗎？」此言一出，賓客們都紛紛贊許，B君也只好罷手。

自我表露，掌握分寸

如同天生麗質難自棄的美女，在選擇衣服時總是要為「露還是不露」猶豫一番，為「露多露少如何露」思量一番；一個有才能的人，在飯局酒桌之上，也要為自己的才能

「露與不露」、「如何露」花點心思。美女露得適宜謂之美，露多了難免有色情、俗氣之感。作為才子的你，對這點不可不察。

在飯局酒宴上，出於某種需要，你必須適時表露自己，包括個人才華、思想見解、處事態度、品格風度等，目的是讓對方更好了解自己，信任自己。自我表露是非他人強迫情況下無意識和有意識吐露真情。一般來說，在自我表露時，你要注意下列幾種情況。

．不要表露過深

古人云：交談言深誤世人。一般情況下，初次打交道的人，不宜談論過深，否則往往有讓人感到不成熟和別有用心之嫌。試想，如果初次見面就把自己的老底全盤托出，還能指望在今後的交往中保守祕密嗎？

．不要表露過量

表露是相互的，同時也要適度。如果對方向你坦白真情，也應以誠待誠向對方傾吐真情。反之，自己若向對方談了一大堆事情，對方卻一言不發，守口如瓶，那麼對你來說這就是表露過量。

・不要表露異常

有的人在與別人交談時，由於一時興奮和衝動，忘乎所以，把自己的人生苦惱和看法一股腦兒都倒了出來。這種異常的行為，不僅會讓對方討厭和輕蔑，且容易造成對方的誤會。

・注意表露時間與場合

心理學家研究表明，相逢時間較短的人容易表露自己，而長期相處的人往往互相隱藏內心祕密。一般來說，人在初次見面時需要自我表露，這有助於互相迅速了解、熟悉。需要相處好長一段時間的人不宜輕易表露自己，應透過長期交往建立信任和連繫，加深感情。

自我表露一定要注意場合，在大庭廣眾之下不宜表露過深，因為這樣會使自己失去了吸引力和神祕感。當然，幾個朋友聚會，互相推心長談，如果一言不發，反而讓人感到奇怪。

・表露對象忌無選擇

自我表露的對象應該有些選擇。當自己向別人表露內心時，應找對自己體貼之人和休戚相關之人。

・得意的事盡量別談

有些人總喜歡顯示自己，往往認為自己的學識、興趣高人一籌，每遇親朋好友聚會，就迫不及待大肆吹噓自己的心得、經驗，卻不知這樣常令一旁的好友不知所措。

有一次，一位先生約了幾個朋友來家裡吃飯，這些朋友彼此都是熟識的，他們聚集來主要是想借著熱鬧的氣氛，讓一位目前正陷於低潮的朋友心情好一些。

這位朋友不久前因經營不善關閉了公司，妻子也因為不堪生活的壓力，正與他談離婚的事，內外交困，他實在痛苦極了。

來吃飯的朋友都知道這位朋友目前的遭遇，大家都避免去談與事業有關的事，可是其中一位朋友因目前賺了很多錢，酒一下肚，忍不住就開始談他的賺錢本領和花錢功夫，那種得意的神情，使在場的人看了都有些不舒服。那位失意的朋友低頭不語，臉色非常難看，一下子去上廁所，一下子去洗臉，後來他提早離開了。

人人都會經歷人生的低谷，人人都會遇上不如意的時候，這時，在失意的人面前炫耀自己的得意之處，無異於把針一根根插在別人心上。既傷害了別人，對自己也沒有什麼好處。

因此提醒你，與人相處，切記不要在失意者面前談論你的得意。就算在座沒有真失意過的人，但總也有景況不如你的人，你的得意還是有可能讓他們起反感，因為人總是有嫉妒心的，這一點你必須留意。

穿針引線的介紹藝術

現代社會中，人與人之間接觸的機會越來越多，如何運用介紹藝術來穿針引線，使你認識更多的朋友，從而拓展自己的人際關係，幫助自己的事業走向成功，這實在是一門藝術。

也許有些人會這樣認為：「介紹？那還不簡單，只要彼此通報姓名就夠了，沒什麼了不起！」事實上，介紹之道包羅許許多多必須注意的禮貌和技巧：如何善用說辭，把自己的特點推介出去，讓別人對自己留下深刻的印象；如何面面俱到，不誇張、恰如其分給兩個陌生的朋友牽一條友誼的線，使人人都如沐春風，這都是需要有相當功力的。

與人第一次相見時，措辭適當、態度有禮能使人對你產生好感，願意繼續與你交往，並且樂意和你做朋友；假如自我介紹時口齒不清或態度輕慢，那麼，人人避之惟恐不及，還會和你深入交往嗎？

總之，不論是自我介紹、被人介紹還是充當介紹人，你都應該表現得恰如其分，不必過度渲染，更不可含糊其辭，最重要的是扮好自身的角色。熟習社交禮節、掌握要點，貼切得當介紹，才能使賓主盡歡，滿堂和氣，座間人人和悅愉快。

在應酬中，自我介紹是必不可少的。從交際心理上看，人們初次見面，彼此都有了解對方並渴望得到對方尊重的心理。這時，如果你能及時、簡明進行自我介紹，不僅滿足了對方的渴望，而且對方也會以禮相待、自我介紹。這樣，雙方以誠相見，就為進一步交往奠定了良好的基礎。

在參加社交集會時，主人不可能把每一個人的情況都介紹得很詳細。為了增進了解，你不妨抓住時機，多作幾句自我介紹。時機有兩種：一是主人介紹話音剛落時，你可接過話頭再補充幾句；二是如果有人表示出想進一步了解你的意向時，你可作詳細的自我介紹。

自我介紹時應注意以下幾點：

第一，要有自信心。在日常交往中，有些人怕見陌生人，見到陌生人，似乎思維也凝固了，手腳也僵硬了。本來伶牙俐齒的，變得說話結巴；本來笨嘴笨舌的，嘴巴更是如貼了封條。這種狀況怎能介紹好自己呢？要克服這種膽怯心理，關鍵是要自信。有了自信心才能介紹好自己，給別人留下好的印象。

第二，要真誠自然。有人把自我介紹稱為自我推銷。既然推銷產品時需要在貨真價實的基礎上做宣傳，那麼推銷自我也不能不顧事實而自我炫耀。因此，作自我介紹時，最好不要用「很」「最」「極」等極端的詞彙，給人留下「狂」的印象；相反，真誠自然的自我介紹，往往能使自己的特色更閃閃發光，引起人們的注意。

第三，要考慮對象。自我介紹的根本目的是要給對方留下一個印象，因此要站在對方理解的角度來說話。比如第一次參加某方面的研討會，你站起來說：「我叫××，我來發個言。」此時在場的人一定會想：這是什麼人？怎麼從來沒見過？他代表哪方面？他的意見值得聽嗎？所以，面對有這麼多想法的聽眾，你只介紹「我叫××」是不行的，別人不會專心聽你的發言。如果你理解了聽眾的心理，就可這樣介紹：「我叫××，是××大學的教師，我第一次參加這樣的研討會，望大家多多指教。現在我就這個問題談談自己的看法……」這樣的介紹，才不會使聽眾心中結下疑團，才能使聽眾專心聽你的發言。

所以，在介紹自己時，一定要重視與你打交道的人，要隨機應變。如你面對的是年長、嚴肅的人，你最好認真規矩些；如與你打交道的人隨和而具有幽默感，你不妨也比較放鬆展示自己的特點，做出有特色的自我介紹來。

在應酬中，經常需要介紹他人。一般來說，介紹他人時應先向雙方打個招呼「請允許我介紹你們認識一下」或「我介紹你們相互認識一下好嗎」等。這樣可以使雙方有思想準備，不會感到突然。

按一般的習慣，作介紹時，如果不同性別的兩個人，應該先把男士介紹給女士；如果男士年紀比女士大很多時，則應先把女士介紹給男士；如是不同輩分、職務的兩個人，應先介紹晚輩給長輩，先介紹下級給上級；把一對夫婦介紹給他人，在一般情況下應先說丈夫，後說妻子；把兩個群體相互介紹時，一般只介紹帶隊的、職務高的，隨員籠統介紹即可。

有時，需要把某個人介紹給很多人，應該先向全體介紹這個人的姓名、職業，然後再依照坐著或站著的次序一一向這個人作介紹。如：「各位，這是電視臺的記者劉方。小劉，這是公司董事長××，這是總經理××，這是……」

向大家介紹新來的主管、來講課的老師或作報告的專家學者時，只要把這個人介紹給全體人員就可以了，不必再一一向他作介紹。被介紹者要站立，向眾人表示謝意，眾人一般應鼓掌致意。介紹的內容，一般只包括姓名、身分；如有必要，也可介紹籍貫、個人性格、愛好、工作成就、所熟悉的老師、同學、朋友等等。透過這些內容的介紹，使雙方能夠很快溝通。

在介紹他人時，應注意以下幾點：

第一，介紹時要熱情誠懇，面帶微笑，神情要鎮定自若，落落大方，充滿自信。即使遇到意外情況也不要慌亂，造成一種融洽隨和的氣氛，給被介紹的雙方留下難忘的印象。

第二，介紹時口齒要清楚，並作必要的解釋和說明，以便使聽的人能夠很快記住雙方的姓名。

第三，介紹方法要靈活，要隨機應變。面對長者或主管，要使用尊稱，如說「請允許我向您介紹……」。在朋友之間，可用輕鬆活潑的方式，有時不妨幽默一點。

千萬不要喧賓奪主

在人多的場合，某些自詡有才能的人會不甘寂寞，總是試圖把自己「秀一秀」。「秀」自己沒錯，但要有尺度與分寸。

十九世紀時的英國尚處在鼎盛時期，號稱「日不落帝國」。它的使臣們也有恃無恐，在與各國的交往之中，擺出一副「霸主」的強蠻姿態，因而引起東道主強烈的不滿。有一次，英國新派遣了一位公使到玻利維亞去赴任。作為玻利維亞這樣的小國，對英國公使的到來，自然十分恭敬。國王命令設宴款待，親自陪宴。在宴會上，這位英國公使以為是強國之賓，目空一切，絲毫不把東道主放在眼裡，該履行的禮節也不履行，舉止粗魯，使得國王十分難堪，大大傷害了東道主的自尊心。國王一怒之下，拍案而起，下令把這位傲慢的英國使臣帶下去，剝光他的衣服，叫他光著身子走出首都拉巴斯城，讓他蒙受了極大的羞辱。因為這件事英國和玻利維亞之間還差點引發了一場戰爭。

這位英國使臣所犯的錯誤，就是「喧賓奪主」，或者叫「強賓壓主」，這是交際中的大忌。在有些交際的場合，交際雙方是有主次之分的，主和賓就是其中的一類。這時作為賓客要有對主人的尊重意識，明白自身所處的賓客地位，從而注意以賓客的言談舉止來規範自己。作為主人來說，他是居於自己所熟悉的環境，擁有「居家優勢」。這時候，他的自尊意識比較強。不管他在國際上、社會上的地位如何，他們在待客上自然處於東道主的地位，對交際活動有主導的權利和義務。他希望賓客支持理解並尊重自己，維護主人的聲譽和地位。而對於客人來說，不管你的地位多高，權勢多大，知識多廣博，一旦去做客，就應充分意識到你的身分是賓客，應該充分尊重主人的安排，不能把自己的意志強加於主人。不可以盛氣凌人，甚至賣弄自己的優勢，這樣才能成為受主人歡迎的客人。這位英國公使正是沒有充分尊重東道主，缺少賓客意識，才遭到這樣的侮辱，有了這樣的下場。

可見「喧賓奪主」是交際的「毒瘤」。切忌「喧賓奪主」，應該成為現代交際中的原則，不然的話，溝通就無從談起。這應該引起我們的注意，因為在現實生活中，這種「喧賓奪主」的交際失誤還在以各種各樣的形式重演著。

有位發了財的年輕個體戶到朋友家做客。貴客來臨，主人自然殷勤招待，端茶倒水，熱情有加。可是這位個體戶一副「大拿」的樣子，自恃富有，形容高傲，半躺在沙發上，腳翹在茶几上。主人拿香煙給他抽，他卻不屑一顧說道：「你這煙能抽嗎？來，抽我的九五之尊！」主人立刻就受不了，沉下臉說：「哥們，你少來我這裡擺譜！煙雖然不如你的，但這是我的心意，你要覺得對不起你這個富豪那就請回吧！」這位青年的臉唰一下紅了，忙解釋絕無小瞧的意思。但從此兩人關係明顯疏遠了。

因此，飯局酒宴之上，千萬不要喧賓奪主，千萬不要盛氣凌人。做人還是謙虛謹慎一些為好，說話還是低調些為好。

第九章　學習脫口秀切不可忽視聲音的魅力

人們大多有這樣的感受，說話聲音好聽的人多會讓人過耳不忘，記憶深刻，尤其是富有磁性的聲音，常常令人痴迷。電臺、電視臺很多主持人的聲音就如此，能一下子吸引人的注意力，帶給人聽覺上的愉悅享受。

說話聲音好聽，也是學習社交脫口秀中一門必修的功課。常言道，聞聲如見人，一個甜美圓潤或渾厚而富有磁性的聲音，會給人留下美好的回味和遐想，而聲音的美，有其先天聲帶發育的條件，也有後天練習的原因。

聲音是一個人裸露的靈魂。心理學家認為，聲音決定了你38%的第一印象，傳遞出你的個性、喜好、情緒、情感、年齡、健康狀態等。尤其是在電話交流時，音質、音調、語速的變化和表達能力決定了你的可信度的85%。

輕聲是安全之母。——巴爾扎克【法國】

對人類而言，語言是治療苦惱的醫師。——米蘭德【古希臘】

中國人對於說話的態度，最高的是忘言，但如禪宗「教」人「將嘴掛在牆上」，也還是免不了說話。其次是慎言，寡言，訥於言。這三樣又有分別：慎言是小心說話，小心說話自然就少說話，少說話少出錯。寡言是說話少，是一種深沉或貞靜的性格或品德。訥於言是說不出話，是一種渾厚誠實的性格或品德。——朱自清

塑造美好的聲音形象

大約二十年前，法國電影《佐羅》風靡中國。當時，很多中國女性之所以特別喜歡這部影片，除了佐羅（亞蘭德倫飾演）英俊瀟灑的形象外，配音演員童自榮華麗而充滿儒雅貴族氣質的聲音起了關鍵作用。童自榮既不是佐羅，更不是影片中的騎士，可是，即便你從來沒有見過童自榮，你也會把他想像成一個帥氣十足、風流儒雅的男士，這是因為聲音的作用。

聲音是一張人的一張形象名片，可以為人們預留無盡的想像空間。透過聲音不僅可以感知對方的年齡、性別、職業、相貌，還可以感知性格、思想、情感和態度。在社交中，我們應該充分運用「聲音形象」，讓自己在社交中左右逢源、遊刃有餘。

在運用聲音塑造形象時，需要注意表達語言要帶有真實的情感，要把生活和感悟融入聲音中，把真切感受傳遞給你的談話對象。

不少人看過《窈窕淑女》這部電影，說的是一個賣花的鄉村女孩被培養成貴夫人的故事。訓練從什麼開始？從語言開始，改掉她的地方俗語和口音，在留聲機上一遍又一遍訓練語音和語調，之後才是著裝、姿態、社交禮貌訓練。如果你對於自己的聲音不太滿意，不妨透過下面這些方法來改進你的發音。

發音訓練的第一課就是呼吸訓練。說話和唱歌的發音方式是相通的。一些學習唱歌的方法可以用到說話上。義大利男高音之父卡盧梭說：「在所有學習歌唱的人中，誰掌握了正確的呼吸，誰就成功了一半。」氣息是發出聲音的動力，更是各種聲音技巧的「能源」。歌唱時正確的呼吸，既不是用兩肩上抬、胸廓緊張的淺胸式呼吸法，也不是用腹部一起一伏、胸部僵硬緊逼的純腹式呼吸法，而是打開口腔用胸腔和腹腔聯合運動而完成呼吸動作。

其吸氣要領是：吸到肺底——兩肋打開——腹壁站定；呼氣要領是：穩勁——持久——及時補換。不過，要掌握好這一方法是有一定難度的，通常要經過持久的訓練。

也有一些簡單易行的方法，如：平心靜氣去聞鮮花的芳香；突然受到驚嚇時的倒吸冷氣；模擬吹灰塵。還可以利用早上起床的時間做一些訓練，具體方法是：

全身平躺在床上，盡力伸展身體，收縮腹部，把一隻手平放在橫膈膜上，將另一隻手放在胸骨上，然後盡力吸氣，吸氣的同時說「哦，哦，哦」，呼氣的同時說「哈，哈，哈」，這樣練習幾次，能夠使氣息充盈全身。然後再說出「早——上——好」，說的時候，手要能感覺到胸腔是在振動。

然後坐起，雙腳緊貼地面，保持身體挺直，再說幾次「早——上——好」。最後，站起來在房間裡來回走動，連續說「早安，早安」。注意在說的時候，要對自己充滿自信。

接下來是共鳴訓練。人的口腔、胸腔等發音器官就像一個音箱，搭配使用得當就能發出具有磁性的嗓音。為什麼有的人說話的聲音穿透力特別強，即使房間裡噪音很大，也能聽清他在講什麼，這就是共鳴的原因。你的聲音必須是透過胸腔共鳴產生的，而不是堵在嗓子眼裡被憋出來的。

共鳴訓練要注意對發音器官的控制練習，以達到好的音質音色。首先要練習如何張開嘴說話，而不是發聲不動嘴，咬著牙齒說話。我們會注意到歌手唱歌時都是張大嘴，這樣才能夠清晰唱出每一句歌詞。講話時你也應該盡力做到這一點。開始訓練時，朗讀以下的內容大聲進行練習：

· 胸腔共鳴練習：暗淡、反叛、散漫、計畫、到達
· 口腔共鳴練習：澎湃、碰壁、拍打、噴泉、品牌
· 鼻腔共鳴練習：媽媽、買賣、彌漫、出門、戲迷

在練習時要注意仔細體會發音時胸腔、口腔、鼻腔共鳴的感覺。

最後是吐字歸音訓練。強調的是對發音動作過程的控制，是一種經過加工的藝術化的發音方法，目的是要做到吐字發音準確清晰。在培養歌手的錄音室裡，歌手要在一個規定的非常低的音量範圍內，讓人聽清楚他唱的每一句歌詞。吐字不清晰的人，即使聲音很大，別人也聽不清你在說什麼，更談不上談吐有魅力了。

校正身體的發音部位

聲音不僅僅與喉嚨有關，還涉及身體的許多部位。身體像一套最為先進和精密的音響系統，依靠這套系統的協調作用和相互配合，你就可以清晰而得體表達講話內容，唱出美妙動聽的歌聲。沒有受過聲音訓練的人，雖然平日說話和唱歌都沒有問題，但很難應付特殊場合。要麼聲嘶力竭喊叫，憋得臉紅脖子粗；要麼喃喃細語，自己都不知道在說些什麼。

人體的發音系統主要由發聲器官、吐字器官和動力器官三部分組成。

發聲器官主要由喉構成，聲帶在喉部附近的兩對半圓形的扁狀韌帶，猶如管樂器中的哨嘴和簧舌一樣，起著發聲的作用。當人呼吸時，自然放鬆分開，讓氣息暢通無阻進出。當人說話和發聲時，本能向喉管中間靠攏。當靠攏到一定程度時，就會受氣流的衝擊產生振動而發聲。你可以試著體驗一下，說話時把手指輕輕放在下巴下面，可以感覺到明顯的共振。

聲帶的光滑、厚薄、閉合好壞都會影響聲音的特質。聲音的純淨明亮或乾癟嘶啞，由自身聲帶的特質所決定。

咬字和吐字的器官主要是唇、齒、舌、齶、鼻，是完成語音的最後部位。它們對喉部發出的原音進行修正處理——共鳴，使聲音美化、亮澤、圓潤。這就使聲音具有了彈性和可塑性。你可以試一試，用手指輕輕按住鼻梁骨，然後發出「呢、呢」的聲音，你會感覺到微微的顫動。

發音是需要動力的。吹笛子時，你必須用力吹氣，才能發出聲音。音箱打開時，你站在音箱前能感覺到一股強大的氣流。這些現象都說明發音要以空氣為動力。人的發音動力以肺為中心，包括與呼吸有關的器官和組織。肺的作用就像一隻產生空氣動力的風箱，在周圍肌肉組織的帶動下作擴張或收縮運動，形成氣流的進出。氣流經過氣管到達喉部，促使聲帶振動，發出聲音。

平時聊天小聲說話時，只需要在肺的上部保留少量空氣，輕輕呼吸就可以了。但如果大聲說話和演講時，就需要深呼吸。

氣息是言語發聲的動力，動力的大小體現在肺活量上。肺活量與年齡有著密切的關係，通常，人的肺活量在二十七歲左右時達蓟最大值，以後每隔十年遞減百分之九至百分之二十七。雖然經過特殊的訓練可以縮小遞減的程度，但遞減的趨勢不會改變。這使得不同年齡的人最長持續發音的時間不同。年齡不同，發出的氣息強弱不同，發出的聲音也就產生了差別。所以僅憑聲音就可以判斷說話者的大致年齡。

另外，你的腿部肌肉也起到非常重要的作用。它們能使你挺直身軀，有助於你在講話過程中的血液迴圈，使你不會感到缺氧，保持良好的精神狀態。在唱卡拉OK時，你會發現，歌唱得好的人，喜歡站起來唱。因此，為了獲得更好的發言和演講效果，最好是選擇站著。了解了這些發音知識後，對提高聲音魅力是很有幫助的。

聲音的四大屬性

聲音具有四大屬性：音調、音強、音長和音質。任何聲音都具有這些屬性，說話的聲音也不例外。在聲音發出的瞬間，這四種屬性同時作用於人的聽覺神經，使我們對聲音形成區別性印象。

先來說說音調。音調的高低是由聲帶振動頻率的大小決定的。頻率的大小與發音體的形狀和質地有關。相對而言，大的、長的、粗的、厚的、鬆的發音體，振動頻率較慢，發出的聲音也低；小的、短的、細的、薄的、緊的發音體振動頻率較快，發出的聲音也高。人聲的高低與聲帶的長短、厚薄、鬆緊有關。一般而言，女性和小孩的聲帶較短較薄，聲音要高一些。成年男子的聲帶較長較厚，聲音就低一些。透過研究發現，不管男女，音調低一些能起到較好的溝通效果。這是因為音調太高，鼻音就會提高，聽了會讓人不舒服，甚至起雞皮疙瘩。而且，音調太高容易給人一種亢奮、不穩重的感覺。

音強的大小則取決於發音時用力的程度和量的大小。說話時如果比較用力，呼出的氣流比較大，發出的聲音音強就比較強；反之就比較弱。相對而言．年輕人的氣息強，老年人的氣息沉，聲音很容易分辨。從身體狀況來說，健壯的人氣息強，偏瘦的人氣息弱。據研究，說話時的音量應「適中」。當你在請求別人幫忙時，如果採用適中的音量，會比較容易得到幫助。原因很簡單，你說話的聲音比較大，容易給人「命令和強制」的感覺，讓人反感。但如果聲音太小，又容易讓人覺得你缺乏自信、很害羞，甚至還會覺得你在撒謊。能夠根據不同場合恰如其分運用好音量，是重要的。

音速是由發音的長短決定的。音的長短可以透過訓練改變，沒有經過訓練的人，一般掌握不好自己的聲音長短。有的人說話語速很快，像機關槍掃射，給人上氣不接下氣的感覺。有的人說話慢條斯理，讓人著急。這都不恰當。當然，這個問題也不是絕對的。中央電視臺的著名節目主持人徐俐以語速快出名。徐俐的快語速非常適合她主持的新聞類節目。

音質，就是聲音的個性或特色，它是一個聲音區別於其他聲音的基本特徵。比如，同樣是一篇詩歌，由不同的人來朗誦，有人聲音高細而剛硬，有人聲音低弱而溫柔，聽眾馬上會區別出來，並產生不同的聯想，認為前者是一個線條俐落、幹練的女人，後者是一個文靜端莊的女人。人與人交流時，音質圓潤悅耳、有感染和親和力是第一要素。如果你的音質條件因先天或年齡的因素不夠優美，要特別注意善用語調和語速來彌補音質的不足。

最後，還要注意說話時的發音部位非常關鍵。你發音的部位取決於你的胸腔、喉嚨和頭部產生共振的空間。一般來說，發音部位越靠前，你的發音效果就越容易扭曲。可以用一個簡單的方法來體會發音部位的不同帶來的不用音效。你可以先說「呵呵呵」，然後說「哈哈哈」，再接著說「呼呼呼」，仔細體會一下，是否有什麼不同呢？很多人不明白自己的聲音究竟問題出在哪裡，其實是沒有弄清楚自己的聲音是從身體的哪一個部位傳出來的。

替聲音做個「體檢」

一次，我在等候電梯，電梯的門「唰」一下打開時，我的眼前~亮，面前是一個穿著入時、長相絕佳的氣質美女。我不由得睜大眼睛遲鈍了片刻，方才恍惚之間跨進了電梯。和這樣一個絕色女人共處一「室」，我感覺呼吸有些吃力。可惜幾秒鐘後，當電梯再次拉開，她招呼同伴走出電梯的語態和音質讓我再次木呆吃驚，語態粗俗、音質沙啞。我真為她惋惜，那麼美好的感覺僅僅停留了幾秒鐘。

現在不少人花了很多精力在化妝、穿著上，可一開口說話卻讓人大失所望，聲音不好聽，或沙啞或尖細或做作。一般來講，聲音過細會給人柔弱、無主見的印象；聲音過尖易給人心胸狹隘、不易溝通的感覺；語速過慢易給人性格優柔、魄力不夠的印象；語速過快易給人急躁、做事缺乏耐性的印象；腔調做作則意味著輕浮、功利、缺乏內涵。因此，不要小看聲音對人的影響，也有必要學會管理和駕馭自己的聲音。

管理自己聲音的前提是，先要清楚了解自己聲音的特點及狀況，分析出不足之處，然後針對重點訓練和調整，塑造出更能提升個人魅力的聲音形象。

究竟如何才能知曉自己聲音的不足呢？

你需要巧妙給聲音做個「體檢」，才能找出問題所在。

先用品質好的答錄機或錄音筆把你的聲音錄下來，注意不要刻意為錄而錄，而是收集平時日常生活中的真實聲音，比如與他人交談時的聲音，你可以找個朋友聊天，不過至少要半小時，也可以錄些發言時的聲音等，你還可以請朋友幫忙錄下電話中的聲音。

當你聽到這些自己的真實聲音後，或許不大會相信這是自己的聲音。因為，我們講話時所發出的聲音不只是經過聽覺器官，還會穿越臉部與咽喉引起頭骨振動，聲音會發生變化，所以我們通常並不熟悉自己真實的聲音。

接下來，對收集到的真實聲音進行分析，聽聽自己的聲音是否過細，或過尖，腔調是否自然，輻射範圍如何，聲音的表現力如何，是否讓人感覺很做作，呼吸的聲音是否太大，說話時的停頓和語速的變化如何等等。

經過這樣的聲音「體檢」後，你會很容易發現自己的聲音存在的不足，可以針對重點加以改進。

如何讓聲音低沉洪亮

男高音的聲音低沉而又洪亮，讓聽眾們沉醉在他們美妙的歌喉中。男高音的聲音，來源於他們經過訓練的橫膈膜。經過訓練後，你也可以慢慢把你發聲時的共振點移到胸腔，這將會使別人更注意你的言語。實驗已經表明，深沉洪亮的低音，再配上適時的停頓和從容不迫的態度，是最能吸引人的注意力的。

而要把共振點移到胸腔的重點在於，深呼吸，並且是用橫膈膜，而不是用上方的肺。所有的嬰兒和動物都是使用他們的橫膈膜深呼吸的，當我們在長大的過程中卻慢慢養成了淺呼吸的錯誤習慣。因為一些歷史原因，在西方，強壯男人的形象是透過胸來呼吸的。以至於很多人想到深呼吸的時候都會用他的胸來呼吸。胸腔呼吸發出的聲音顯得急促，並且聽起來更加有攻擊性。相反如果你想保持冷靜，並且使聲音低沉洪亮的話，你就應該用橫膈膜來呼吸。

現在，為了使你的聲音更低沉洪亮，你可能需要幾個月的時間來進行訓練。目標確實是可以實現的，只要你堅持做以下幾個非常有益的練習。

- **強化你用橫膈膜呼吸的意識**：練習用橫膈膜呼吸，吸氣時讓腹部鼓成球狀，默數一、二、三、四，吐氣時同樣默數四、三、二、一。每日至少做六次。吸氣時用橫膈膜盡量深吸，吐氣時盡量慢吐，保證即使你面前有一根蠟燭，你也不會吹熄它。
- **共振**：深呼吸，然後慢慢的發長音。當共振從胸部發出時，你應該能感到它慢慢轉移到腹部，而不是鼻子或喉嚨，你的吐氣應該平穩沒有任何抖動。同樣深呼吸並發音，但這次想像共振點如同一個電梯一樣在你體內上上下下，從鼻子到腹部。同樣深呼吸並發音，但這次依次發音標表中的所有音，直到他們聽起來都是同樣的音高。現在你應該能指出其中的某些音比另外一些音缺乏共振。
- **說話節奏**：找些東西來讀，把速度控制在每分鐘四百個漢字左右。試著在讀時加入感情，加入適當的重音。一個單調的聲音很快就會使人厭煩。

讓你聲音健康的幾種方法

有些人會花上幾個小時在體育館裡鍛鍊，或者在公路上刻苦跑步鍛鍊，為的是減輕體重，保持自己的體形，可是除了歌唱家和演員外，普通人有誰會在意自己的聲音呢？

人們普遍認為，演員尤其是歌唱演員是靠嗓子吃飯的，而普通人只要身體沒毛病，嗓子好壞無關緊要，如果你這樣認為的話，那就是錯了，美國密西根健康系統大學的諾曼．霍吉克延和他的同事建議大家，即使是普通人也一定要注意嗓子的健康。霍吉克延主張：「你的嗓子相當於你與外界聯絡的大使，它在描繪你的個性和情緒，人們會根據你的聲音來評價你的，所以在你考慮人們在聽你說話或者唱歌時到底從你那裡聽到了什麼，嗓子就顯得非常重要。如果你的嗓子出了問題，那麼會對你的生活產生巨大的影響。」

甜美圓潤或渾厚磁性的嗓音，會給人留下美好的回味和遐想。但聲帶是非常嬌嫩和脆弱的發聲體，如果不加保養，一旦損壞了，就會像一把沒有哨嘴的嗩吶一樣，看著像一件樂器，其實已失去了原有的價值。

嗓音的保養，一半以上取決於細緻的生活方式。在這個溝通的時代，打電話、與人交談、開會發言、講課或演講等，都要用嗓。因此，建議大家重視聲音的保養。

保養聲音，首先應該學會如何正確發聲。有專家說，大約有七成人不會「說話」，也就是說有很多人的發音方式是不正確的。在任何時候說話都不要用力過度，而要用柔和的氣息使其發聲。運用聲帶發聲就像打鼓的原理一樣，有人總覺得鼓不夠響而拚命用鼓槌砸，結果鼓面損壞了。聲帶比鼓面更嬌嫩，用氣過猛或用力過大都容易損壞聲帶。所以，千萬不可拚命喊叫。同時，應經常鍛鍊發聲，鞏固發聲方法，提高發聲水準。

下面，我們歸納保養嗓子的八種方法。

· **多喝水**：保持體內有足夠的水分，避免喝含酒精和咖啡因的飲料。你的聲帶振動得非常快，而保持正常的水分平衡有助於讓聲帶保持潤滑。重要的注意事項：含有大量水分的食品是非常好的補充水分的零食小吃，包括蘋果、梨、西瓜、桃子、各種瓜、葡萄、李子、甜椒和蘋果醬等。

· **每天讓你能夠有幾次「聲音小睡」**：尤其在長時間使用了嗓子後，更要注意不要再多說話。比如，教師在課間就注意避免再說話，在吃午餐時，最好找一個安靜的地方吃飯，而不是與同事在吵鬧的辦公室裡聊天。

・**不要吸煙**：如果你已經有吸煙的習慣，那就戒掉這種習慣。吸煙能夠嚴重增加患咽喉癌的危險，吸人煙（即使是二手煙）也會刺激聲帶。

・**不要濫用你的聲音**：盡量避免喊叫或尖叫，也不要在嘈雜的地方大聲說話，如果你的咽喉感覺到發乾或者說疲勞，或者你的聲音已經嘶啞了，那就盡量不要再說話了，聲音嘶啞是你的聲帶開始「憤怒」的警告。

・**在卡拉OK、KTV唱歌時，即使在唱高音和低音也要讓你的咽喉肌肉和頸部肌肉保護放鬆狀態**：有些人在唱高音時會把頭仰起來，而在唱低音時又會把頭低下去。研究人員羅森伯格說：「在唱高音時會把頭仰到天花板上，而在唱低音時又會低到地板上，這是一種不良習慣，時間長了，你就會為此付出代價。」這種代價還不僅僅是讓你的肌肉變得緊張，更重要的是會讓你未來的音域變得窄小。

・**不要太頻繁清嗓子**：人們往往習慣清一清嗓子，但當你清嗓子時也會一併刺激聲帶，清嗓子太多會損害你的聲帶，會讓你的聲音嘶啞。當感覺有刺激需要清一清嗓子時，不妨喝一點水慢慢咽下去，達到清理嗓子的目的。如果你感覺老是不自覺多次清理嗓子，那就到醫院讓醫生檢查一下．看有沒有問題，頻繁清理嗓子往往是嗓子出現毛病的前兆。

・**當你生病時，不要多說話**：如果你著涼感冒了或者感染病毒而導致嗓子嘶啞，那就不要再說話，只是聽著自己內心的聲音告訴你什麼。

・**讓你的家庭和辦公室的環境溼潤**：請記住一點，溼潤對嗓子的保養有很大的益處。

第十章　脫口秀自然不能失去了風度

第十章　脫口秀自然不能失去了風度

談吐是一個人風度美還是醜的窗戶。出言不遜，滿口粗話，即使打扮得無懈可擊也談不上風度美。在中世紀的時候，歐洲的騎士就視談吐不凡、出口成章為騎士的基本素養。在中國有才華、有禮貌大部分都是從談吐間看出來，談吐不凡早就成為人們的追求。實話說，所有的人都希望談吐美，所有人都喜歡談吐文雅的人。因為美在談吐之間。

優雅的談吐是交談成功的重要因素。只有優雅的談吐，瀟灑的舉止，彬彬有禮的風度才能造成和諧融洽的氣氛，帶來輕鬆愉快的情緒促使友誼的發展、交談的深入。

對一個心持反對意見者，講話卻有必要謙和而委婉。否則正像把鹽撒入傷口，會使他已有的成見更深。——法蘭西斯．培根（Francis Bacon）【英國】

言談是衣著的精神部分，用上它、撇開它，就和戴上或摘下裝飾著羽毛的女帽一樣。——巴爾扎克（Honoré de Balzac）【法國】

以道觀之，物無貴賤；以物觀之，自貴而相賤；以俗觀之，貴賤不在己。——《莊子秋水》

君子以行言，小人以舌言。——孔子

誠辭知其所蔽，淫辭知其所陷，邪辭知其所離，遁辭知其所窮。——孟軻

如何做到稱呼得體

與人談話，稱呼是必不可少的。在社交中，人們對稱呼是否恰當十分敏感，尤其是初次交往，稱呼往往影響交際的效果。有時因稱呼不當會使交際雙方發生感情上的障礙。不同時代、不同國家、不同地區、不同社會集團之間都有不同的稱呼。但也有共同的稱呼，如「太太、小姐、女士、先生」等。

有時候，稱呼別人不是為了滿足自己，而是為了滿足別人。遇到一位朋友，最近被提升為局長。見面時就應先跟他打招呼：「×局長，真想不到能在這裡見到你。」如果他聽到你跟他打招呼，就會顯得格外高興，忙跑過來和你並肩坐。雖然平時他是個不大健談的人，但那天卻可能顯得很健談。

舉個例子，當瑞典國王卡爾．古斯塔夫（Carl Gustaf）訪問舊金山時，一位記者問國王，他希望自己怎麼被稱呼。他答道：「你可以稱呼我為國王陛下。」這是一個簡單明瞭的回答。

不論我們如何稱呼人，最重要的是要傳達這樣的意思：「你很重要，」「你很好」，「我對你重視。」

在社交場合，使用稱呼還要注意主次關係及年齡特點。如果對多人稱呼，應以先長後幼、先上後下、先疏後親的順序為宜。如在宴請賓客時，一般以先董事長及夫人、後隨員的順序為宜，在一般接待中要按女士們、先生們、朋友們的順序稱呼，使用稱呼時還要考慮心理因素。如有三十多歲的人還沒有結婚，就稱為「老張」、「老李」，會引起他的不快。對沒有結婚的女人稱「太太、夫人」，她一定很反感，但對已婚的年輕女人稱「小姐」，她一定會很高興。

除此之外，稱呼應該根據社會習慣來進行。例如，稱呼一般分為職務稱、姓名稱、職業稱、一般稱、代詞稱、年齡稱。職務稱：經理、科長、董事長、醫生、律師、法官、教授等；姓名稱：一般以姓或姓名加「先生、女士、小姐」；職業稱：是以職業為特徵的稱呼，如上尉、祕書小姐、服務小姐等；一般稱：太太、女士、小姐、先生等；代詞稱：有代詞「您」、「你們」等來代替其他稱呼；年齡稱：主要是以親屬名詞「伯伯、叔叔、阿姨」等來相稱；對經濟界人士：可用「先生、女士、小姐」等相稱；也可用職務相稱，如「董事長、經理、主任、科長」等；對知識界：可以用職業相稱，如教授、老師、醫生（大夫），還可用「先生、女士、太太」相稱；對文體界：可用職務稱，如「團長、導演、教練、老師」等；對於一般的演職員、運動員，就不能稱「××

演員」或「××運動員」，而要稱呼「××先生」或「××小姐」。

另外，人鄉隨俗，這一生活常識對稱呼至關重要。在不同的環境裡，就要根據當地人們不同的文化觀念、好惡態度去決定選擇什麼樣的稱呼語。

中國人都認為老年人是經驗和睿智的象徵，因而用對自家長輩的稱呼語去稱呼年長的人便是尊重的好辦法。孩子們叫六十歲以上的女性為「奶奶」會得到「乖孩子」的稱讚。但若對方是個美國人，結果可能就會不太美妙了，也許她會問：「難道我很老了嗎？」

培養優雅的談吐

語言是社會交際的工具，是人們表達意願、思想感情的媒介和符號。語言也是一個人道德情操、文化素養的反映。在與他人交往中，如果能做到談吐優雅，就會給人留下良好的印象；相反，如果滿嘴髒話，甚至惡語傷人，就會令人反感討厭。

談吐優雅主要有以下幾層含意。

- **態度誠懇、親切**：說話本身是用來向人傳遞思想感情的，所以，說話時的神態、表情都很重要。例如，當你向別人表示祝賀時，如果嘴上說得十分動聽，而表情卻是冷冰冰的，那對方一定認為你只是在敷衍而已。所以，說話必須做到態度誠懇和親切，才能使對方對你的說話產生表裡一致的印象。

．**用語謙遜、文雅。如稱呼對方為您、先生、小姐等；用貴姓代替你姓什麼，用不新鮮、有異味代替發霉、發臭**：如你在一位陌生人家裡做客需要用廁所時，則應說：我可以使用這裡的洗手間嗎？或者說：請問，哪裡可以方便？等。多用敬語、謙語和雅語，能體現出一個人的文化素養以及尊重他人的良好品德。

．**聲音大小要適當，語調應平和沉穩**：無論是普通話、外語、方言，咬字要清晰，音量要適度，以對方聽清楚為準，切忌大聲說話；語調要平穩，盡量不用或少用語氣詞，使聽者感到親切自然。

總之，語言文明看似簡單，但要真正做到並非易事。這就需要我們平時多加學習，加強修養，使我們中華民族禮儀之邦的優良傳統發揚光大。

學點敬語與謙辭

中國自古有「禮儀之邦」的美稱，加上一些傳統的敬語與謙詞，使這種文化因此而更豐盛。在社交時，適當用一些傳統的敬語與謙詞，能夠顯示出一個人的修養，讓對方產生好感。如：

初次見面說「久仰」，久別重逢說「久違」；
請人批評說「指教」，求人原諒說「包涵」；
求人幫忙說「勞駕」，求人方便說「借光」；
麻煩別人說「打擾」，向人祝賀說「恭喜」；
請人看稿稱「閱示」，請人改稿說「斧正」；
求人解答用「請問」，請人指點用「賜教」；
托人辦事用「拜託」，贊人見解用「高見」；
看望別人用「拜訪」，賓客來至用「光臨」；
送客出門說「慢走」，與客道別說「再來」；
陪伴朋友用「奉陪」，中途先走用「失陪」；

等候客人用「恭候」，請人勿送叫「留步」；
歡迎購買叫「光顧」，物歸原主叫「奉還」；
對方來信叫「惠書」，老人年齡叫「高壽」；
自稱禮輕稱「菲儀」，不受饋贈說「反壁」。

上面這些客套話，都屬敬語和雅詞，如能恰當運用它們，會讓人覺得你彬彬有禮，貌若君子，很有教養。它可以使互不相識的人樂於相交，熟人更加增進友誼；請求別人時，可以使人樂於提供幫助和方便；發生矛盾時，可以相互諒解，避免衝突；洽談業務時，使人樂於合作；在批評別人時，可以使對方誠懇接受。

在稱呼方面也要注意一些問題：

- 稱呼長輩或上級可以用主管、先生、叔叔、伯伯等；
- 稱呼平輩可以用兄、姐、先生、女士、小姐等；
- 詢問對方姓名可用貴姓、尊姓大名、芳名（對女性）等；
- 詢問對方年齡可用高壽（對老人）、貴庚、芳齡（對女性）等。

．敬語中，「請」字功能很強，是語言禮儀中最常用的敬語，如「請」、「請坐」、「請進」、「請喝茶」、「請就位」、「請慢用」等。「請」字帶來了人際關係的順利進展，交往的順利進行。

此外，在社交中，謙辭也是有禮的一種表現。所謂謙辭，也就是指自我謙虛、謙遜之辭。謙辭較敬語數量要少一些。如謙稱自己用在下、鄙人、晚生等。

．謙稱家人可以用家父、家母、家兄、舍妹、小兒、小侄、小婿等。

．當言行失誤之時，說「很抱歉」、「對不起」、「失禮了」、「不好意思」等。

．請求別人諒解之時，可說「請包涵」、「請原諒」、「請別介意」。

．有些敬語或謙辭是把日常使用語進行文雅化的修飾，而使之成為日常通用的謙讓語。比如，把「我家」說成「寒舍」，把「我到您那裡去」說成「我去拜訪您」，把「請您看看」說成「請您過目」，把「我認為」說成「以我的膚淺之見」，把「您收下」說成「請笑納」等，都是這樣的。

．家中有客人來訪時，端出茶點向客人說：「你吃不吃？」這是很無禮的，應該泡茶一杯，說：「請您嘗嘗看。」或說：「請您慢用。」這才較為合適。

值得注意的是，敬語和謙詞不可濫用。如果大家在一起相處很久了，特別是非正式場合中，有時就可不必多用謙讓語。熟人之間用多用濫了謙讓語，反而會給人一種迂腐或虛偽之感。

當然在平時，即使你是率直、不拘小節的人，對別人說話時也應盡量注意禮貌及謙和的態度，如此習慣性以誠懇的口吻說：「請」、「謝謝」、「對不起」、「您好」、「麻煩您」、「抱歉」、「請原諒」等謙讓語，必定會讓他人對你心生好感。

把「謝謝」常掛嘴邊

「早安」、「不客氣」、「抱歉」、「歡迎」這些看似平常的話，在人際互動中卻占有相當重要的地位。還有見面時的禮節、握手寒暄的方式、遞名片及奉茶的方式等，這些都是不可忽視的。

有一句話更為重要，在不同時間、地點，不同對象，都隨時隨地可使用，時常掛在嘴邊還能增進人際關係：那就是「謝謝」！

如何道謝？有兩個重點。

第一，就算是小事一樁，也必須表示感謝。如果對方給了你一筆大生意或一次很大的幫助，這種時候的「謝謝」，對方不會有太強烈的印象。但是，如果是請對方喝杯茶這種小事，卻得到對方一句真誠的「謝謝」，那感受一定會很不一樣。這種對小事表達的感謝之意，並非對方事先所期待，反而更能令人留下強烈的印象。

還有一點就是，雖然未曾從別人那裡獲得任何好處，也要說聲謝謝。當對方仔細聆聽自己說的話時，請發自內心說聲「謝謝」。即使是別人的抱怨電話，在掛斷時也要感謝說道：「非常謝謝您的指教。」

不管是誰，其實都希望被人感謝，而且也會對感謝自己的人抱持好感。一般而言，被人認真且正式表達謝意時，心中往往會自然而然興起一股欣悅之感，不管是個性多麼惡劣的上司，或是態度非常差勁的顧客，一經別人道謝，心情就算再不愉快，也會按捺下怒氣來。

所以，請從現在開始，習慣以「謝謝」作為結語。一句發自內心的「謝謝」，是待人處世中不需勞心勞力的最大服務。

能力強、地位高的人，更應該常常說「謝謝」。因為通常這些人很容易成為被嫉妒、被陷害的對象，當具有某些能力、地位時，更需要將「謝謝」掛在嘴邊，這樣一來，朋友更會聚集過來，人際關係也將更良好。

你會說「對不起」嗎

傑克住在紐約近郊，在他家附近，有一大片樹林。春天的時候，黑草莓叢野花盛開，松鼠在林間築巢育子，馬草長得高過馬頭。這塊沒有被破壞的林地，叫做森林公園——它的確是一片森林，也許跟哥倫布發布美洲所看到的並沒有什麼不同。傑克常常帶著雷斯到公園去散步，雷斯是一隻友善不傷人的小獵狗。在這片森林公園裡很少能碰到人，所以，傑克常常不給雷斯套狗鏈或戴口罩。

有一天，他們在公園裡遇見一位騎馬的員警，他好像迫不及待要表現出自己的權威。

他訓斥傑克：「為什麼讓你的狗跑來跑去，卻不給牠套上鏈子或戴上口罩，難道你不知道這是違法的嗎？」

「對不起，我知道錯了，」傑克輕柔回答，「不過我想牠不至於在這裡咬人。」

「法律是不管你怎麼認為的，牠可能在這裡咬死松鼠或咬傷小孩。這次我不追究，但如果下次，再讓我看到這隻狗沒戴口罩出現在公園裡，那你就必須跟法官去解釋了。」

經過這次遭遇，傑克果然給雷斯戴上了口罩。可是，麻煩又來了，雷斯很討厭戴口罩。因此，傑克想碰碰運氣。起初很順利，可惜好景不長，不久他與雷斯就撞上了「暗礁」。

一天下午，雷斯和傑克在一座小山坡上賽跑，突然間，那位騎馬的警官出現在他們的視線範圍內。見此狀，雷斯快速朝那個員警衝去。

傑克知道這下完了，所以不等員警開口，他就說：「員警先生，這次你當場逮到我了，實在對不起。你上星期已警告過我，帶狗出來時，必須給狗戴鏈子或口罩，否則就要接受懲罰。」「是啊！我已警告過你，為什麼還要這樣呢？不過你承認錯了，這很好，」員警的回答變得柔和了，「我知道在沒有人的時候，誰都想帶自己的愛犬出來散步。」

傑克回答說：「的確是忍不住，但這是違法的。」

「這樣一條狗，大概不會咬傷人吧！」員警說。

「不，牠可能會咬死松鼠。」傑克接著說。

「哦，你把事情看得太嚴重了，」他告訴傑克，「我看這麼辦吧，只要你吸取教訓，保證今後不再這樣，事情算是就此了結。」

我們在與人交往時，難免說錯話、做錯事，人非聖賢，孰能無過？如果我們能及時說聲「對不起」，真誠向對方道歉，往往能把大事化小，小事化了。

日常生活中，需要道歉的事情很多，大到不小心損壞了別人的重要物品，或者出言不遜傷了別人的自尊心；小到打斷了別人的談話，干擾了別人的工作，約會遲到了，公共汽車上踩了人家的腳等等，這都是難免的。問題就在於有沒有勇氣，有沒有誠心向對方道歉。真正的道歉不只是認錯，而是承認自己的言行給對方帶來了傷害或損失。

向別人道歉時，除了要有誠意外，還須講究一定的技巧和方法，避免不必要的爭吵和衝突。那麼，怎樣向人道歉才能達到預期的目的呢？

．**立即道歉**：時間拖得越久就越難以啟齒，有時甚至追悔莫及，所以，在發現自己的過錯時，立即向對方說聲「對不起」，這才是道歉的最佳時機。

．**採用多種方式表達你的歉意**：如果你的道歉一時還未能熄滅對方的怒火，那麼不妨想點其他辦法，讓對方知道你有悔過的誠意。比如托人送件小禮物，間接幫助對方解決某些困難，或者寫封信打個電話等。

．**語氣要誠懇，態度要自然**：有些人知道自己的過錯，也有心向別人道歉，但說話語氣讓別人聽來顯得不誠懇、態度傲慢。諸如衝著別人說：「對不起，噢！」、「我說對不起你還不行嗎？」這樣的道歉不僅不能讓對方接受，相反還會引起對方的反感。因此說「對不起」時，要面帶微笑，語氣低緩，使人感覺到你是真心悔過。有時在「對不起」、「抱歉」前面再加上「很」、「非常」、「實在」、「太」等表示加強的詞語，更能體現你的誠心。

・**主動承擔責任**：在道歉時，要主動承擔錯誤的責任，說明引起錯誤的原因，但絕不能找藉口或者把責任推卸給對方，即使自己只有部分責任，也要主動承擔。主動為自己的行為承擔責任，會鼓勵對方也承擔屬於他自己的那部分責任。

不禮貌的肢體語言

不禮貌的肢體語言，如同不禮貌的有聲語言一樣，讓別人感到不快、甚至憤怒。然而，相對來說，話說錯了我們容易發覺一些，肢體的「話」錯了，要發現會難很多。明明你是好心和他談一個什麼事情，但他就是不領情，和你對著幹。是話說錯了嗎？表達方式不對？一般人都會朝這些方面想，但真實原因還有可能是你的肢體語言讓他感到了不快，他不願說出來，就以這種頂牛的方式以示抗議。

肢體語言就像人身上不雅的化妝，自己很難發現。即使是對著鏡子，你也不一定會發現它們是那麼的不得體——你還以為那樣子會很酷、很帥、很優雅……

下面，我們將指出肢體語言的使用中有哪些屬於不禮貌的方式。

逃避眼神接觸。在一對一的談話中，你是盯著一旁、腳下或前面的桌子嗎？你從未看過聊天對象肩膀以上的部位嗎？在人多的場合演講，你的目光是否總是盯著講演稿？如果你回答是，那麼說明你缺乏自信心。而一個不自信的人，怎麼能讓其他人來相信？

眼睛是心靈的窗戶，在和人交流時，很多資訊是透過眼神來交流的。互相不「對眼」，怎麼會讓溝通高效？再說，一個眼神躲閃的人，還容易被人誤會：是不是心裡有鬼？是不是不尊重我？

與陌生人初次交談，視線落在對方的鼻部是最令人舒服的，直接注視對方眼睛的時間反而不宜過久，因為長時間凝視對方會令人不自在。當然，如果完全不注視對方的眼睛，會被認為是自高自大、傲慢無禮的表現，或者試圖去掩飾什麼。所以，學會察言觀色是非常重要的。當你盯著對方雙眼看時，發現對方在談話時目光從專注變得游移，這就說明對方可能因為你的注視而覺得不太自在了，這時不如就將視線移到對方的鼻部或者嘴部。

雙臂交叉抱胸。早在遠古時代，雙臂緊緊交叉抱於胸前，這個動作有保護自己、防備危險的意思。現在，交談習慣於保持這個動作的，在我們身邊也比較常見。雙臂交叉抱胸，對於本人來說也許很愜意，不過傳遞給對方的是輕佻、冷漠、防備、拒絕等負面資訊。

多動。頻繁打電話、傳簡訊、把玩小物件、坐立不安、搖擺或晃動。這些動作雖小，但給人的厭惡程度不小。你不妨和別人作一個換位思考，你願意在與別人和談話時別人這樣子做嗎？在必須打接電話時，你應該向對方道歉，請求暫停。電話要長話短說，打完後最好再次致歉。至於重要的場合，關掉手機是一種必需的禮儀。坐立不安，搖擺或晃動之類的小動作，有失一個人莊重，也暗示別人自己覺得很無聊。

把手放在口袋中。把手拘謹的放在身體兩側或塞在口袋裡給人的印象是——你提不起興趣，不想參與，不論你到底是或不是。解決它的辦法很簡單：從口袋裡拿出你的手，做些有決心的、果斷的手勢。

溝通中常見的小毛病

一般人在說話時常犯些小毛病，雖然無關緊要，但也會降低對方與你交談的興趣，甚至惹起別人的反感，所以還是小心防範，設法加以糾正才好。

有的人在談話中，常常會有些字句含含糊糊，叫人聽不清楚，或者誤解了他的意思。所以，不說則已，只要開口，就最好把每一個字、每一句話，清楚準確說出來。

有許多人喜歡用一個字去替許多字，譬如，他在所有滿意的場合，都用一個「好」字來代替。他說：「這歌唱得真好！」、「這是一篇好文章。」、「這山好，水也好！」、「這房子真好。」、「這個人很好。」……其實，別人很想知道這一切究竟是怎樣好法。這房子是寬敞？還是設計得很別致呢？是材料很結實呢？這人是很老實呢？還是很爽朗呢？還是很能幹呢？還是很願意跟別人接近呢？還是很慷慨、很喜歡別人呢？單是一個「好」字，就叫人有點摸不著頭腦。

還有這樣的人，用「那個」這兩個字代替幾乎所有的形容詞，例如：「這部影片的確是很那個的。」、「這件事未免太那個了。」、「這封信叫人看了很那個的。」……這一類毛病，主要是由於頭腦偷懶，不肯多費一點精神去尋找一個適當的恰如其分的字眼。如果放任這種習慣，所說的話就容易使人覺得籠統空洞，從別人認為你語言能力差，而聯想到你的思維也不行，因而也就得不到別人適當的重視了。

有的人喜歡在自己的話裡面加上許多不必要的字眼，例如，三句話裡面，就用了兩次「自然啦」這個詞。又有的喜歡隨意加上「反正」、「不過」、「然後」這兩個字。有的人又喜歡老問別人「你明白麼？」「你說是不是？」……最好盡量避免說這類多餘的詞句。

說話有雜音比喜歡用多餘的字句更令人不舒服，在說話的時候，加上許多沒有意義的雜音。例如一面說著話，鼻子裡面一面「哼，哼」響著，或是每說一句話之前，必先清清自己的喉嚨，還有的人一句話裡面就會加上兩個「呃」字……這些雜音會使人產生一種生理上的不快之感，還會給你的精彩的語言，蒙上一層灰塵。

有的人喜歡用誇張的語言去強調一件事物的特性。這樣雖然可以引起別人的注意，但無論在什麼場合都採用這種說法則不對了。例如：「這個意見非常重要！」、「這一本書寫得別提多精彩了。」、「這真是一部非常偉大的戲劇。」、「這樣做法是非常非常危險的。」、「這個女人簡直是無法形容的美麗。」如此這般，講的就太過了，別人也就自然而然把你所誇大的字眼都大打折扣，這就使你語言的威力大為降低了。

矯揉造作也是較為常見的一個小毛病。它有多種形式的表現，有的人喜歡在交談中加進幾句英文或法文；有的人喜歡在談話中加進幾個令一般人難以理解的學術性的名詞；有的人喜歡把一些流行的縮寫詞掛在口頭；有的人又喜歡引用幾句深奧的名言，放在並不適當的地方。這會讓人覺得你在賣弄知識，故作高深，還不如自然、平實的言語更容易讓人接受。

瑣碎零亂、東拉西扯是一些人的小毛病。在敘說事理的時候，最重要的是層次清晰，條理分明。所以，在交談以前，必先在腦子裡把所要講的事物認真梳理一下，分成幾個清楚明確的段落，摒除一些不大重要的細節。不然的話，說起話來就會囉嗦拖拉，意思不清了。特別是當一個人敘述自己親身經歷的時候，更容易因為特別激動，巴不得把所見所聞，全盤托出，結果反而叫人聽起來非常吃力。

這類毛病雖「小」，但「千里之堤，毀於蟻穴」。你要小心自己講話時無意中跑出來的「螞蟻」，把你的口才之堤搞得千瘡百孔。

第十一章　脫口秀莫成脫口「臭」

第十一章　脫口秀莫成脫口「臭」

鋼針扎入人體，尚且可以拔出來，話語進了人的耳裡心中，你無法從別人的體內拿出來。因此《聖經》裡有這樣說——世界上無法留住的三樣東西：飛出去的箭、說出去的話和逝去的光陰。佛家則認為，人的話是「因」，一旦說了，「果」便已經注定，並且再也改變不了了。

這些經典，在用他們的方式來告誡世人：說話一定要三思而言、小心謹慎。說話是這個世界上最容易的一件事，如果沒有生理上的缺陷，我們都可以張嘴就說。但如何說好它，不要讓自己為說過的話感到後悔，卻是一門學問。

馬克．吐溫（Mark Twain）曾說，我可以靠別人對我說的一句好話，快樂兩個月——這是非常有意思的。其實，你我又何嘗不是如此呢？既然我們的一句好話，就可能暖人心曲，贏得人心，那麼我們何不一試呢？須知，這也是在幫助我們自己啊！

所以，請一定要注意：不要憑自己一時快意，讓脫口秀變成了「脫口臭」。

語人之短不日直，濟人之惡不日義。——林逋

開口譏誚人，是輕薄第一件，不惟喪德，亦足喪身。——石成金

謬誤出於口，則亂及萬里之外。——陸賈

是非只為多開口，煩惱皆因強出頭。——孟漢卿

攻人之惡毋太嚴，要思其堪受；教人以善毋過高，當使其可從。——《菜根譚》

有一言而傷天地之和，一事而折終身之福者，切須檢點。——《醉古堂劍掃》

社交脫口秀四原則

西元一八二五年，沙皇尼古拉一世剛剛登基，就爆發了一場反對他的叛亂。尼古拉一世平定了這場叛亂，並將抓獲的叛亂領袖李列耶夫判處絞刑。

在行刑的那一天，發生了一件奇怪的事情。李列耶夫在絞刑架上還沒有斷氣，勒在脖子上的繩索居然斷裂了！

在當時，執行絞刑時的繩索斷裂被當成是上帝恩寵的旨意，犯人因此能夠得到赦免。李列耶夫在恍惚中摔落在地，他睜開眼睛，看了看四周驚訝無比的圍觀者。在確信自己保住了性命後，李列耶夫掩蓋不住內心的喜悅，興奮對著人群大喊：「你們看，在俄國他們不懂得如何正確做任何事，甚至連製造繩索也不會。」

一名信使立刻前往宮殿向沙皇報告行刑失敗的消息。雖然懊惱於這令人失望的變化，尼古拉一世還是依照慣例提筆簽署赦免令。

「奇蹟發生之後，李列耶夫有沒有說什麼？」沙皇好奇問信使。

第十一章　脫口秀莫成脫口「臭」

「陛下，」信使便回答，「他說俄國人甚至不懂得如何製造繩索。」

「哦？這種情況下，」沙皇頓了頓，說，「我們有必要證明事實正好相反。」

於是沙皇撕毀了赦免令。

第二天，這個叫李列耶夫的幸運兒再度被推上絞刑臺。很顯然，這一次他的好運氣不會在來了，行刑人為他準備了一條足可以吊死一頭大象的繩索。

禍從口出，李列耶夫其實是死於他自己刻薄的嘴下。不知道第二次站在絞刑架下的李列耶夫，是否會後悔當初的刻薄。

尖酸刻薄的話，傷在人的心上，是看不見的暗傷。看得見的明傷好治療，看不見的暗傷難痊癒。嘴上損人只需一句話，別人記恨或許是一輩子。良言一句三冬暖，惡語幾字六月寒。某高僧在給其弟子的一封信中寫道：「禍從口出而使人身敗名裂，福從心出而使人生色增光。」它的意思是：有時說話的人並無惡意，但對聽者而言，卻可能是傷及其自尊心的惡語，所以勸誡人們，說話應謹慎，只說該說的話。

一則法國諺語說：「語言造成的傷害比刺刀造成的傷害更讓大家感到可怕。」布雷姆夫人在其《家》一書中說：「老天爺禁止我們說那些使人傷心痛肺的話，有些話語甚至比鋒利的刀劍更傷人心；有些話語則使人一輩子都感到傷心痛肺。」

了解了這點後，你說話還能不小心嗎？但問題是，人人都不一樣，你又能如何去小心呢？幸而，我們至少可以遵循以下幾個原則，讓你在跟別人說話時，可以多幾分聰明，少幾分傻氣和愚蠢。

原則一：傷人自尊心的話堅絕不說

如果你看過武俠小說，一定常會讀到這樣的情節：

兩人一番惡鬥之後，分出了勝負。

失敗者一拱手說道：「只怪我學藝不精，今天栽在你的手上，十年後，我們華山再見。」

為什麼那個被打敗的人會這樣說呢？因為他要保住自己的自尊呀！如果你連這最後的一點自尊都不給對方留，他一定會跟你拚命，最後弄個魚死網破，兩敗俱傷。

跟人打球，打輸了，你通常會喜歡說什麼？你往往會說自己「學藝不精」、「技不如人」。為什麼呢？因為你要面子，說「技不如人」，表示只要你回去練，還能扳回一城。

給別人多留一點面子，人家是會感激你的。如果你連人家最後的一點自尊都剝奪了，後果很可能將不堪設想。

原則二：無法改變事實的話千萬別說

「哇！先生，您要是早點護髮就好啦，那麼您現在就不會禿成這樣子了。」

「哎呀！小姐，你這麼漂亮，要是皮膚再長得白一點就好了，你要是早點保養該多好呢。」

「這件衣服真適合你，只可惜你矮了一點，你要是再高兩寸，就太完美了！」

……

類似於上述的這些話，你可能經常能聽到。問題是，言者無心，聽者心裡只怕會一百個不滿意。

聽者會想：你明知道我頭髮長不回去，天生黑皮膚，本來就這麼高，又何必強調一遍呢？既然改變不了，你又何必哪壺不開提哪壺呢！拿別人無法改變的短處來議論是非常愚蠢的。

那麼，哪些事實難以改變呢？種族難改變、性別難改變、年齡難改變、身高難改變，甚至宗教和政治信仰也不容易改變。所以在西方社會，大家都知道聊天時，最好別碰這些問題。

碰到難以妥協的問題，好說話的人也變得難以說話，小綿羊也會變成大老虎。

原則三：給人希望的話別人最愛聽

當然，有些東西看起來不能改變，但卻還是能夠作為話題來談。例如一個胖女人平時忌諱說胖，但去護膚時卻能聽得進一些關於胖的話——

「小姐！其實你身上的脂肪不是永久脂肪。」

「永久脂肪？」

「永久脂肪就是已經長固定了，拿不掉的。你身上的脂肪拿得掉。」

「怎麼拿？」

「您只要每個禮拜來三次，我給您用最新的產品，慢慢推，就可以把它推掉。」

你說，她會不會心動？

這位太太的胖也是既成的事實，為什麼現在可以碰，而且對方一碰她就上鉤呢？道理很簡單——因為有了希望。人們常在絕望時，為那剩下的「一線希望」付出最高的代價。

口才最高明的人，永遠是最能給別人留下希望的人。

原則四：不要顧此而失彼

說話引起誤會的常見情況之一就是，你讚美甲的同時卻傷害了乙，使乙對你產生誤會。

例如「他是胖子，你是瘦子」這句話就會使嫌自己胖的人產生誤會。又假如你是老師，卻看一群學生的畫展，其中有一個畫得極好，你在場上大加讚美，甚至寫了幅字送給他，讓他掛在畫展門口；你是書評家，很欣賞某位作家的作品，於是寫了書評，吹捧那一個作家；你是爸爸媽媽，當著眾多客人，讚美自己幾個孩子當中的一個……

上面這些例子中的做法，是肯定會得罪人的。你以為自己說了好聽的話，討好了某個人，殊不知，你卻在同時得罪了一大批人。切記，讚美他人，雖然是最好的說話方法，但是，千萬不要顧此失彼，否則，必會有人暗中恨你。

總之，在說話時，尊重別人，不要掃了人家面子，這是最根本的。

切莫哪壺不開提哪壺

清代明君康熙皇帝，到了晚年頭髮花白了，牙齒也已鬆動脫落。這本是人生的自然規律，但他人老心不服老，聽到人說他「老」就很不高興，所以跟隨左右的臣子都深知他的心理，特別忌諱說「老」一類的字眼，從不在皇上面前觸這個霉頭。而康熙皇帝為了顯示自己還年輕有活力，常常率領皇后、妃子們去獵苑獵取野獸，在池上釣魚取樂。

有一次，他率領一群皇妃們去湖上垂釣。才一下子，釣竿一動，康熙皇帝連忙提起釣竿，只見鉤上釣著一隻老鱉，心中好不歡喜。誰知剛剛拉出水面，只聽「撲通」一聲，鱉卻脫鉤掉到水裡跑掉了，康熙長吁短嘆連叫可惜。在康熙身邊陪同的皇后見狀連忙安慰說：「看光景這隻鱉是老得沒有門牙了，所以銜不住鉤子了。」

這時，在一旁觀看的一個年輕妃子見狀忍不住大笑，而且笑個不止，笑得直不起腰。康熙見了不由得龍顏大怒，他認為皇后言者無心，而那妃子則是笑者有意，是在含沙射影，笑他沒有牙齒，老而無用了。回宮之後，康熙下了一道諭旨，將那妃子打入冷宮，終身不得復出。到了這個時候，那個年輕的妃子才深深感到後悔了，她嘆息著說：「因為我不慎笑了一笑，卻害了自己守寡一生，這都是我自己不注意帶來的惡果啊。」

為什麼皇后在說話時明顯說到「老」字而康熙皇帝沒有怪罪她，而妃子只是笑了一場，康熙皇帝卻怪罪她呢？

首先，是康熙的忌諱心理，他不肯認老，更忌諱別人說他老，這種心理實際是反映了老年人的一種普遍的心理狀態，由於上了年紀，在體力和精力上都有所下降，但又不肯承認這個現實，而且也希望人們在客觀上否認這個現實，故而一旦有人涉及這個話題心理上就承受不了。

其實，由於皇后和妃子與康熙皇帝的感情距離不同。皇后說的話，仔細推敲一下，有顯義和隱義的兩個意義，顯義是字面上的意義，因為康熙皇帝與皇后的感情距離較近，他產生的是積極聯想，所以他只是從字面上去理解，知道皇后是一片好心的安慰。妃子雖然沒有說話，只是笑了一笑，但她是在皇后說話的基礎上笑的，她與康熙皇帝的感情距離比較遠，所以讓康熙皇帝產生了消極聯想：那老鱉老掉牙銜不住鉤子，就像你康熙皇帝一樣老而無用，連釣起的老鱉也讓牠逃跑了。這下子深深傷害了康熙的自尊心。

自然，康熙因妃子笑話他而給出這樣的重罰，暴露出了封建帝王的冷酷。但如果是一個正常的人，別人這樣笑你的缺憾，你也一樣會不高興。人總是有自尊心的，總希望受到別人的尊重，而不希望人們一見面就提自己不愉快的事。沒有誰會喜歡別人對自己「哪壺不開提哪壺」！

人人都不願意人家觸及和談論自己的憾事、缺點、隱私和使自己感到難堪的事，這也是一般人所共有的心理。因此在生活中與人交往和說話交流時，一定要注意尊重別人，交談時千萬不要汲及別人所忌諱的問題，不然就會使人際關係惡化，導致交際的失誤。

在生活中這樣的失誤還真是不少。有位身材比較胖的顧客到服裝店裡買衣服，她對一件大花圖案和橫向條紋的上衣感興趣，銷售員勸道：「這種大花帶橫條的衣服適合瘦人穿，你這麼胖，再穿上這種衣服，那不難看死了。」售貨員是一片好心，但她哪壺不開提哪壺，觸及顧客的忌諱了！果然，女顧客氣得一句話都沒說，就走了。

有一個人從小雙臂殘疾，靠著自己的努力練出用腳趾頭夾筆寫字作畫的本領，他的畫被選送到國外展出。某天，一位記者在採訪他時竟唐突問：「你是靠腳趾頭成名的，那麼我問你，是腳有用還是手有用？」這一問使得那個畫家十分惱怒，反問：「維納斯雕像是以斷臂出名的，你說她是有胳膊美還是沒有胳膊美？」問得那記者瞠目結舌，採訪也隨之失效。

俗話說得好：「矮子面前莫說矮。」別人有生理上的缺陷、家庭上的不幸，或者自己在為人處世方面有短處，心裡已經是夠痛苦的了，就別再雪上加霜了。碰上這些情況我們都應該加以避諱，不能「哪壺不開提哪壺」，不只傷害了別人，別人不會輕易放過你，到頭來只能是兩敗俱傷而已。

自然，生活是複雜的，由於種種原因，有時說話還非要涉及別人忌諱的話題不可，在這種情況下，就要講究語言技巧了。要盡量把話說得委婉含蓄，在遣詞造句時，要避免那些帶有直接刺激感官的字眼，這樣就有可能取得比較好的效果。例如一位較胖的女顧客去布店買花布做襯衫，在選擇大花圖案還是幾何圖案下不了決定，女售貨員根據顧客的特點，幫她選擇了幾何圖案的花布，並且介紹說：「這種大花圖案帶有擴張感，你穿不太合適。這種幾何圖案藝術大方，顏色也好，一尺才五角二分，你買七尺就夠了，花錢不多做件襯衫穿，能使人顯得年輕且更瘦。」這樣顧客聽了就很舒服。

切記，在跟別人交談時，千萬不要哪壺不開提哪壺，盡量挑別人喜歡聽的話題，就算不小心提到了別人忌諱的東西，也要學會巧妙轉移話題。

講究避諱能夠在人際交往中適應他人，理解他人，尊重他人，盡量避免給別人帶來不愉快。這是講文明、有禮貌、修養好的表現，也是顯示你高超口才的一大突出表現。

招人反感的六種話

酒逢知己千鍾少，話不投機半句多。話說得有水準，自然招人喜歡。那惹人反感的談話方式表現在哪呢？

首先，喋喋不休的話。在與人交談中，總將自己放在主要位置，自始至終一人唱獨角戲，喋喋不休推銷自己，滔滔不絕訴說自己的故事。有個名人說過，漫無邊際、喋喋不休就像是在打自己付費的長途電話。這樣不但不能表現自己的交談口才，反而令人生厭。「一言堂」不能交流思想，不能增進感情。交談時應談論共同的話題，長話短說，讓每個人都充分發表意見，留心別人的反應，這樣才能融洽氣氛，眾情相悅。正如亞歷山大．湯姆所說：「我們談話就像一次宴請，不能吃得很飽才離席。」

其次，逢人訴苦，散播悲觀情緒的話。在人的生涯中，每個人都會遇到挫折和苦難，但每個人對待的方式不同，有的人迎難而上，有的人知難而退，有的人卻將苦難帶來的愁苦傳染給別人，在眾人面前條陳辛酸，以獲同情。交流中一味訴苦會讓別人覺得你沒魄力，沒能力，會失去別人對你的尊重。

第三，無事不通，顯得聰明過人的話。言談中，談話的內容往往涉及天文、地理、歷史、哲學等古今中外、日月經天、江河行地般的話題。如果在交談中表現「萬事通」、「耍大能」，到時肯定會自打嘴巴，砸自己的腳。因為交談是相互了解、相互交流的方式，而不是表現學識淵博、見識廣泛的舞臺。更何況老子曾說過：「言者不知，知者不言。」交談中什麼都說的人未必什麼都知道。

第四，空話套話，就是不講實話。大多數的孩子都喜歡肥皂泡，被吹出來的肥皂泡在陽光下閃耀著色彩豔麗的光澤，實為美妙。隨著五彩泡泡的不斷升高，接著一個接一個紛紛破碎。所以人們常把說空話喻為吹肥皂泡，真是恰當不過。對一些充滿各種動聽、虛幻誘人的詞句，細細咀嚼即沒有任何實在的內容，是遲早會破滅的。

說話的目的是為交流思想，傳達感情。因此，交談總得讓對方知道你心中要表達的是什麼。只要開口，不管是洋洋萬言，還是三言兩語，不管話題是海闊天空，還是一問一答，都應使人一聽就懂。一些人慣用一些現成的套話來代替自己的語言。三句話不離套詞，顛來倒去那麼幾句，既沒有思想性，更沒有藝術性，令人聽後形如嚼蠟。

有個一度受觀眾喜歡的節目，叫「實話實說」。其受觀眾喜歡就是因為說實話，不說空話套話。

第五，武斷的話。武斷是交談的毒藥，如果你開口「當然」、閉口「絕對」，那別人還有什麼話可說呢？

所以，你要盡可能避免說這樣的話：「所有的政治，都是欺騙。」、「所有的戰爭都是罪惡。」、「所有的女人都是弱者。」像這樣的話，不但使你顯得偏激，而且也不符合事實。在你的語句中，要多用一些這類字眼：「有的人……」、「有的時候……」、「可能」、「也許」、「或者」……給你的意見或判斷略為加一些限制，留一點餘地。在說完自己的意見之後，也不妨問一問對方：「這是我個人的看法，你覺得怎樣？」或者說：「我可能有錯，我希望知道你的看法。」

更重要的是，要警惕自己不要用一種非常肯定的語調來講話，好像大將軍發布命令似的。不管你說什麼，這種腔調別人一聽就不舒服，覺得你把自己抬得太高了。這種把自己放在一切人、一切事之上的態度，不久就會使你陷於完全孤立的地位。

第六，質問的話。談話時習慣質問對方的人，多半胸襟狹窄，好吹毛求疵，與人為難，或性情孤僻，或自大好勝，所以即使在說話小節上，也把他的品格表現出來。其實，除了在不得已的場合如在法庭上辯論之外，質問的對話方式是大可不必採用的。如果你覺得意見不對，你不妨立刻把你的意見說出來，何必一定要先來個質問，使對方難堪呢？

例如，甲：「昨天我想是今年以來最酷熱的一天了。」乙：「你怎會這麼說呢？」對方雖然說錯了，但你何必要先給他一個難堪的質問呢？你既知道昨天熱度不過三十四度，而前天卻達到三十五度，那麼你就說出來好了。先質問，後解釋，猶如先向對方打了一拳，然後再向他解釋一樣。這一拳，足以破壞雙方的情感。被質問的人往往會被弄得不知所措，自尊心受到很大的打擊，如果他也是個脾氣不好的人，必會惱羞成怒，而激起劇烈的爭辯。

出口成「髒」討人嫌

我們經常會遇到這樣的情況：當你正用欣賞的眼光注視一位漂亮女孩時，突然她一開口，竟然會冒出一連串令人難堪的髒話。頓時，女孩身上美麗的光環煙消雲散。

甚至在一些咖啡廳，人們在優雅的音樂中悠閒品著咖啡，卻不時會傳出與悠閒和優雅不和諧的聲音。明明可以好好說話，可是在一句句的話語中，卻夾雜了不少的髒話，比如本來是說：「這人可真能幹。」卻偏要這樣：「這人真他×的能幹。」……每句話裡都可以帶髒字，他們駕馭髒話的那份「嫺熟」與「自然」，讓人感到吃驚。

有人出口成章，有人出口成「髒」。「臭婆娘，賤女人……」一個被罵了三十多年的妻子終於向法院起訴，堅決要求與出口成「髒」的丈夫離婚。因這對夫妻感情破裂的證據不足，法院對這起罕見的離婚案件作出判決：不准離婚。法官同時提醒，罵人也屬於家庭冷暴力。

要求離婚的陳女士今年五十六歲，據她介紹，自西元一九七三年與丈夫李某結婚以來，耳根子就沒清靜過。丈夫脾氣暴躁，時常因為一些芝麻大點的小事，就「臭婆娘」、「賤女人」、「瘟神」等汙詞穢語脫口而出，劈頭蓋臉罵來。

「原本指望兒子出生後能給家裡帶來一些變化，誰知他三十年如一日，謾罵不停，有時候連兒子也要一起罵。而且想罵就罵，不分場合和時間，根本不顧及我們的臉面和感受，這種日子簡直沒辦法過了。」陳女士說，她不願繼續忍受了，要求法院判決離婚。

然而陳的丈夫李先生則堅絕不同意離婚：「我承認自己說話常帶『把子』，但這只是一種說話習慣，很多時候並不帶有惡意……」李先生對自己出口成「髒」給家人帶來的傷害表示歉意，還當著法官的面向妻子道了歉，表示願意改掉罵人惡習，與妻子和好如初。

出口成「髒」的現象，在我們的社交中司空見慣。休閒中，三五朋友聚會打牌，嬉笑怒罵之聲不絕。雖多屬玩笑，但聽起來仍很刺耳，有時難免為一兩句無聊的粗口發生爭執，甚至生出朋友間爭鬥互傷的悲劇。酒桌上，有人專以講黃段子為樂，不管聽眾是老是少、是男是女。而且越講越黃，越講越興奮。甚至在工作中，有些工作人員語言不文明也常引發不快。比如有的公汽駕駛員或售票員就習慣於口出髒話，結果惹火乘客上演一場全武行。

出口成「髒」的危害顯而易見，它嚴重影響了我們的人際關係、個人形象、產業形象。有一些人明明知道說粗話、髒話的害處，卻把出口成「髒」當成了一種可以吸引別人注意力的時尚，以致常常在言談中加進粗俗的字詞，以求彰顯自己的個性。這種想法和做法並不可取。愛美之心人皆有之，而語言美就是美的一種。彬彬有禮、溫文爾雅的人才會贏得人們的贊許和尊敬；言談粗俗、出口傷人的人也許會吸引別人的目光，但那目光的含意只能是厭惡和譴責。

無謂爭辯盡量規避

美國青年哈蒙去西部礦業公司謀職，被該公司老闆哈司托當場拒絕。哈司托拒絕的理由很古怪：「我不喜歡你的理由就因為你在弗萊堡作過研究，你的大腦裡我想一定裝滿了一大堆傻子一樣的理論。因此，我不打算聘用你。」

原來，這個老闆是個白手起家的實幹家，沒有讀多少書，但工作經驗極其豐富。在長期的工作實踐中，老闆形成了對學院派的很深偏見。而哈蒙呢，很不幸，他不僅是美國耶魯大學高才生，還在德國弗萊堡大學攻讀了三年碩士。

剛剛學成歸來的哈蒙聽了，裝出膽怯的樣子，小聲對哈司托說：「如果你不告訴我的父親，我就告訴你一句實話。」哈司托覺得有點意思，便向哈蒙保證嚴守祕密。

哈蒙得到了承諾，左看看右看看，好像生怕別人聽到似的，這樣說：「其實在弗萊堡幾年，我一點學問都沒有學到，我天天在外打工，想多掙點錢，並多積累點實際經驗罷了。你可千萬別把這個祕密告訴我父親！」

哈司托聽了，忍不住哈哈大笑，高興說道：「好！這很好！我就需要你這樣的人，那麼，你明天就來上班吧！」

是什麼導致哈司托前後態度的大轉變呢？是哈蒙的話。那麼哈司托真的相信哈蒙那個所謂的「祕密」嗎？當然不是。哈司托只是覺得這個年輕人很有意思，很聰明。而哈蒙面對哈司托滿腦子的偏見，根本就無心爭辯，只是用一句巧妙的話規避了爭論。試想一下：如果哈蒙換一種說話方式，據理力爭，其結果無疑是雙方不歡而散。

在社交過程中，每個人都會遇到不同於自己的人，大至思想、觀念、為人行事之道，小至對某人、某事的看法與評判。這些程度不同的差異可能會轉化成人與人之間的爭執與辯論，任何獨立的，有主見的人都應正視這個問題。

留心我們的周圍，爭辯幾乎無所不在。一場電影、一部小說能引起爭辯，一個特殊事件、某個社會問題能引起爭辯。甚至，某人的髮式與裝飾也能引起爭辯。而且往往爭辯留給我們的印象是不愉快的，因為他的目標指向很明白：每一方都以對方為「敵」，試圖以一己的觀念強加於彼。

其實，這種辯論不適合個人與個人之間，而如果是用於團體，像辯論會似的，又應另當別論。比方說：由於最近發生的某個社會問題而引起兩者間爭論，最後，雖然是因為你用某某事件或理論來證明你的意見是正確的，你也透過爭論的手段達到了勝利的目的，而他也已啞口無言了，但你卻萬萬不可忽略了這一點，他不一定會放棄他的思想來依奉你的主張。

因為，他在心裡所感覺到的，已經不是誰對與誰錯的問題，而是他對於你駁倒他，懷恨在心，因為他的自尊心掃地了。

這樣看來，你雖然得到了單方的勝利，但和那位朋友的友情，卻從此一刀兩斷。比較之下，你會不會覺得，當初真是有欠考慮，僅僅為了單方的勝利，而得罪了一個朋友——如果那位朋友度量小，說不定他正在伺機報復呢！

有些人在和朋友翻臉之後，明知大錯已鑄成，也故作不後悔狀，還經常這樣認為：「這樣的朋友不要也罷。」其實這樣對你又有什麼好處？而壞處卻很快可以看到，因為和別人結上怨仇，你就少了一位傾吐心事的人。

僅爭一時的口舌之勝，而全沒有實際利益的獲取，在經商活動中更是大忌。這種現象我們應該盡一切可能去避免。

在爭辯過程中，我們應該清楚以下幾個事項：

· 這次爭辯的意義。如果是一些根本就不相干的小事情，我們還是避免爭論為妙。

· 這次爭辯的欲望是基於理智還是感情上（虛榮心或表現欲等）？如果是後者，則不必爭論下去了。

．對方對自己是否有深刻的成見？如果是的話，自己這樣豈不是雪上加霜？

．自己在這次爭論當中究竟可以得到什麼？究竟又可以證明自己的什麼？

心理學家高伯特曾經說過：「人們只在不關痛癢的舊事情上才『無傷大雅』認錯。」這句話雖然不勝幽默，但卻是事實。由此，也可以證明：願意承認錯誤的人是少的——這就是人的本性。

好，現在就讓我們姑且認為這次爭論是一次積極爭論，也就是說，它值得我們去爭論。但是在這過程中，我們仍須時時控制住自己。因為在爭論中最容易犯的毛病，就是常常自己認為自己的觀點才是世界上最正確的，只顧闡述自己的觀點，而忽略了要耐心誠意去聽取別人的意見。

這就往往可以使善意的爭論變成有針對性的爭論。需要強調一下，這種現象是很危險的，也很常見。因為即使最善意的爭論，也是由於雙方的觀點有分歧引起的，所以，在一開始，雙方就是站在對立的立場上，對於對方的論點，根本就會採取一種缺乏分析的態度，而一味表述自己的看法。

這樣，爭論過程中就難免有情緒激動，面紅耳赤，甚至去翻對方的陳年老底。所以，當雙方都各執己見，觀點無法統一的時候，自己應該會控制自己，把不同的看法先擱下來，等到雙方狀態較冷靜的時候再辨明真偽。也許，等到你們平靜的時候，說不定會相顧大笑雙方各自的失態呢。

而當你勝利的時候，你也應該表現出自己的大將風度，不應該計較剛才對方對你的態度。爭辯是一件事，而交情又是一件事，切切不可混為一談。但他向你認錯的時候，也萬萬不該再逼下去，以免對方惱羞成怒。

結束後，你也應該顧及到對方的面子，可以給對方一支煙或是一杯茶，抑或是向他求索一點小幫忙，這樣往往可以令他重返愉快的心理。

人性其實都是脆弱的，易被擊誇但也易撫平，關鍵在於你的一兩句話，可以起到平衡心理的作用。

感情是人的優點，但同時也是弱點，利用這種優點去應酬，往往可達到事半功倍的效果。不信，你可以試一下。

第十一章　脫口秀莫成脫口「臭」

第十二章　經典脫口秀範例

第十二章　經典脫口秀範例

有人說，二十一世紀有三樣最厲害的武器：原子彈、電腦和口才。前兩者的威力不必多說，大家也能理解與領會到。但對於後者，相信讀者朋友們在閱讀至此，也有了更深的認識。

如果說語言是思想的衣裳，那麼口才則是語言這件衣裳的裁縫。如何將語言裁剪成美麗得體的衣裳，需要你進行全方位的、持續的學習與努力。口才並非只是嘴上的功夫，它是一個人綜合素養的集中體現。一個人若沒有廣博的知識，沒有開闊的視野，沒有良好的心態，沒有嚴密的邏輯，是不可能擁有良好口才的。

而良好的口才，給人帶來的不僅僅只是溝通的順暢，還能給人帶來自信與融洽的人際關係。一個人在別人面前、在眾人面前，若能夠清晰準確、生動形象表達出自己的思想和意念。這個人的自信心必定會大增，性格也會越來越溫煦與美好。

在現代社會中，人與人之間互動越來越頻繁，絕大多數情況下的發言都不容我們事前準備，因此脫口秀也就越來越顯得重要。沒有人是天生的脫口秀高手。只要你願意學習，樂於學習，善於學習，你將會擁有縱橫捭闔的口才，也將享受到因口才而帶來的成功與幸福！

在本章，編者將把自己搜集到的一些經典脫口秀展示給各位讀者。希望讀者在輕鬆有趣的閱讀後，能夠舉一反三、化為己用，讓自己的口才更加優秀。

吉人之辭寡，躁人之辭多——《易經》

多言而不當，不如其寡也。——《管子．戒第》

「急不擇言」的病源，並不在沒有想的工夫，而在有工夫的時候沒有想。——魯迅

能行之者未必能言，能言之者未必能行。——司馬遷

語言的混亂實質上就是思想的混亂。——馬鐵丁

真有特殊見解的三言兩語，較之不痛不癢的長篇大論要可貴得多。——王朝聞

即興應答

不回答第二個問題

美國前任總統林肯在學校讀書的時候，有一次考試，老師問他：「林肯，你是願意考一道難題呢，還是考兩道容易的題？」

「考一道難題吧。」

「好吧，那麼你回答！」

老師問：「蛋是怎麼來的？」

「雞生的。」林肯答道。

「雞又是哪裡來的呢？」

「老師，這是第二個問題了。」林肯說。

米盧的幽默

米盧健談，常以諧言巧語，創造生動活潑的交際氣氛。西元二〇〇一年十月七日，在一新聞發布會上，有一記者這樣問米盧：「法國隊前主教練雅凱曾說過永遠不會原諒反對過他的記者，你怎麼看？」米盧聞之回答：「我最大的優勢就是不懂中文，類似的話我什麼都不會說。」米盧的巧言答問，化解了對方問題的刁鑽，博得了一片熱烈掌聲。

體驗罰款

乘客：對不起，我想體驗無票乘車的心理狀態。

售票員：為什麼？

乘客：以便構思小說呀！

售票員：那好，現在還請你先體驗一下被罰款的心理狀態吧！

父子對白

父親：「約翰，你知道嗎？華盛頓像你這樣年紀的時候，已經是班級最好的學生了。」

約翰：「是的，爸爸，但是華盛頓像你這樣年紀的時候，已經當上總統了。」

時刻表的用途

火車站擠滿了要乘車的旅客，一列又一列的火車不是誤點，就是被取消。一位旅客生氣對車站服務生說：「我不明白鐵路部門何苦費事印時刻表呢？」

服務生說：「我也不知道，不過，要是不印時刻表的話，你就不知道火車到底誤點多少了，對嗎？」

剛好滿十歲

「先生，我在你們店買的這隻金絲鳥，你說牠能活十年，可是，我買回去才三天，就死了……」

「先生，可能您買回去的第三天，正好牠滿十歲吧！」

鬧饑荒的原因

一天早晨，高而瘦的蕭伯納在公園散步，迎面走來一個矮而胖的鉅賈亨利。

亨利洋洋得意說：「啊！蕭伯納先生，我一看到你，就知道世界上正在鬧饑荒！」

蕭伯納淡然一笑，回敬道：「啊，亨利先生，我一看到你，就知道世界上為什麼會鬧饑荒！」

最優秀的批評家

著名音樂家西貝柳斯與一位非常有名的，同時也是十分可怕的批評家在公園散步，這時，小鳥正在枝頭婉轉唱歌。

批評家指著小鳥說：「小鳥的歌唱得真好啊，牠們才是世界上最有才能的音樂家！」

才一下子，一隻烏鴉叫著飛來，西貝柳斯認為報復批評家的良機到了，便指著烏鴉說：「牠是世界上最優秀的批評家。」

兩人會心笑了。

孩子長大以後

彼斯塔洛奇是瑞士有名的教育家。一次，有個人向他提出一個傷腦筋的問題：「您能不能看出一個小孩長大以後成為什麼樣的人？」

「當然能」，彼斯塔洛奇很乾脆回答，「如果是個小女孩，長大一定是個婦女；如果是個小男孩，將來準是個男人。」

即興反駁

兩面派

林肯自知容貌不揚，然而他豁達大度，不拘小節，有時還自我嘲弄。

有次，林肯聽到參議員史蒂芬．道格拉斯（Stephen Douglas）誣稱他為「兩面派」，說：「你這話要讓聽眾來評判評判。如果我還有另一副面孔的話，豈不是很好嗎？你想想看我為什麼還裝出現在這副面孔呢？」

都是叛徒

在聯合國召開的一次大會上，蘇聯外長莫洛托夫和英國的一位外交官同時出席了會議。

兩位外交官的出身各不相同。莫洛托夫出身貴族，而英國外交官工人家庭出身，於是便以此為話題，引出了下面的對話：

英國的外交官向莫洛托夫發難說：「部長先生，據我所知，你出身於貴族家庭，而我家卻祖輩是礦工，請問，我們兩個究竟誰代表工人階級呢？」

莫洛托夫面對挑釁，不慌不忙說：「先生你說得很對，不過，我們兩個都背叛了自己的家庭！」

母雞下蛋

一位作家對廚師說：「你沒有從事過寫作，因此你無權對我的作品提出批評。」

「豈有此理。」廚師反駁道：「我這輩子沒有下過一個蛋，可我能嘗出炒雞蛋的味道。母雞能嗎？」

想必

孔融六七歲時便聰明過人，能回答許多難題，一些有才學的大官都被難倒了。

有一次，許多人都當著孔融的面誇讚他，但有一個大官卻說：「小時聰明的人，長大後不一定怎麼樣。」

孔融說：「大人小的時候，想必也是聰明的。」

請勿抽菸

「先生，請不要在店裡抽菸。」

「那你們店裡幹嗎要賣菸？」

「我們店裡還賣衛生紙呢！」

即興演講

我是句號

美國前總統艾森豪（Dwight D. Eisenhower）擔任哥倫比亞大學校長期間，經常應邀出席各種宴會。在一次宴會上，幾位名人做了長篇演講，可是主人還是熱情要求艾森豪「講幾句」。

由於前面的演講者都滔滔不絕，輪到艾森豪時，聽眾已經疲憊不堪、非常厭煩了。艾森豪靈機一動，放棄原先準備好的腹稿，不急不忙走到講臺前，說了下面幾句話：「所有演講，無論是書面還是其他形式的，都離不開使用標點符號。今晚，我就充當一個句號好了。」

話音剛落，全場掌聲雷動。

演講與迷你裙

林語堂是一個非常有才氣與思想的文學大家，同時他也是一位非常睿智風趣的演講大師。西元一九六六年，現代著名文學家林語堂從美國回臺灣定居。同年六月，臺北某學院舉行畢業典禮，特邀林語堂參加，並請他即席演講。

安排在林語堂之前的幾位相當有身分的演講者，發表了冗長乏味的演講，令臺下聽眾昏昏欲睡。輪到林語堂時，他抬腕看了看表，已是十一點半了，於是就改弦換調。他快步走上講臺，僅說了一句話：「紳士的演講應該像女人穿的迷你裙，越短越好。」然後就結束了演講。

他的話一出口，大家先是一愣，幾秒鐘後，會場上響起了熱烈的掌聲。在第二天臺北各大報紙上均出現了「幽默大師名不虛傳」的消息。

餓虎罷吃

林語堂的頭上，除了文學大家與演講大師外，還戴著一頂美食家的帽子。他自詡為「伊壁鳩魯派的信徒」，極喜饕餮。他雖然善於演講，但碰到飯後被人拉去作臨時演講，則是深惡痛絕。

有一次，林語堂又遇到了這種事。飯吃完了，主人盛情邀請演說，無法推辭，只能作一次無可奈何的即席演講。他說：

諸位，我講一個小笑話，幫助消化——古羅馬時代，皇帝常指派手下將活人投到鬥獸場中給野獸吃掉，他就在活人被撕吃時的撕心裂肺的喊叫中和淋漓的鮮血中觀賞。

有一天，皇帝命令將一個人關進鬥獸場，讓一頭獅子去吃。這人見了獅子，並不害怕。他走近獅子，在牠耳邊輕輕說了幾句話，只見那獅子掉頭就走，不去吃他了。皇帝見了，十分奇怪。他想，大約是這頭獅子肚中不飢，胃口不好，見了活人都懶得吃。

於是，他命令放出一隻餓虎來。餓虎兩眼放著凶光撲過來，那人依然不怕。他又走到老虎近旁，向牠耳語一番。那隻餓虎竟頹廢無神然後逃走了。皇帝目睹一切，覺得難以置信，他想，這個人到底有什麼法術令獅子餓虎不吃他呢？於是皇帝將那人召來盤問：「你究竟向那獅子、老虎說了些什麼話，使牠們掉頭而去呢？」那人不慌不忙說道：「其實很簡單，我只是提醒他們，吃掉我當然很容易，可是吃了以後你得開口說話，演講一番。」

林語堂的這則演講妙趣橫生，即完成了演講的「任務」，又委婉對要求自己演講提出了抗議，同時還達到即席演講所需要的效果——娛樂。真是一箭三雕！

電子書購買

國家圖書館出版品預行編目資料

人在社會走，口才必須有：聲不在高，清晰就行！話不在多，到位則靈！從臺上到桌下，各種情境脫口「秀」出來 / 劉惠丞，江城子編著 . -- 第一版 . -- 臺北市：崧燁文化事業有限公司，2022.10

面；　公分

POD 版

ISBN 978-626-332-752-8(平裝)

1.CST: 口才 2.CST: 說話藝術 3.CST: 溝通技巧

192.32　　111014660

人在社會走，口才必須有：聲不在高，清晰就行！話不在多，到位則靈！從臺上到桌下，各種情境脫口「秀」出來

臉書

編　　著：劉惠丞，江城子

發 行 人：黃振庭

出 版 者：崧燁文化事業有限公司

發 行 者：崧燁文化事業有限公司

E-mail：sonbookservice@gmail.com

粉 絲 頁：https://www.facebook.com/sonbookss/

網　　址：https://sonbook.net/

地　　址：台北市中正區重慶南路一段六十一號八樓 815 室

Rm. 815, 8F., No.61, Sec. 1, Chongqing S. Rd., Zhongzheng Dist., Taipei City 100, Taiwan

電　　話：(02) 2370-3310　　　傳　　真：(02) 2388-1990

印　　刷：京峯彩色印刷有限公司（京峰數位）

律師顧問：廣華律師事務所 張珮琦律師

定　　價：375 元

發行日期：2022 年 10 月第一版

◎本書以 POD 印製